अपनी तलाश में..

IN SEARCH OF SELF..

मंजु की इंडियन ग़ज़लें

ISBN 979-8-88733-607-7

अनुक्रमणिका INDEX

- ज -

- ट -

- त -

इस ग़ज़ल-संग्रह में आई हुई ग़ज़लें मेरे यूट्यूब चैनल 'Ram Ghazals' और 'Indian Ghazals' पर सुन सकते हैं.. ये ग़ज़लें आगे निरंतर रिकॉर्ड होकर मेरे इन चैनल्स पर सुनने मिलती रहेंगी.. इस "ग़ज़ल-संग्रह Back to Home" के साथ ही मेरे ग़ज़ल एल्बम "Back to Home" की भी शुरुआत हो रही है..

राम

ग़ज़लसिंगर, मुम्बई (भारत)

Join me on YouTube

www.youtube.com/RamGhazals

Contact:

ramghazals.india@gmail.com

indiangazal@gmail.com

इंडियन ग़ज़ल और ग़ज़ल-राईटर 'मंजु' जी की ग़ज़लों का 'अदबी (उर्दू) ग़ज़लों' से 'इंडियन ग़ज़लों' तक.. घरवापसी का कारवाँ:

ग़ज़ल-संग्रह (एक): अपने घर की ओर.. Back To Home...

ग़ज़ल-संग्रह (दो): अपनी तलाश में.. In search of self...

ग़ज़ल-संग्रह (तीन): किनारों के भँवर.. Whirlpools of edges...

सुखांत यात्रा के सबक..!!

– राम (ग़ज़लसिंगर)

एक छोटा सा किस्सा बताना चाहता हूँ..

हम सागर मध्यप्रदेश में रहते थे और हमारे कुछ परिवार जबलपुर में रहते थे

किशोरावस्था में मैं अकसर ही जबलपुर जाया करता था वही नजदीकी बड़ा शहर था ज्यादा टॉकीजें थीं नई नई फिल्में वहाँ तुरंत लगती थीं और 70 एमएम स्क्रीन डॉल्बी साउंड

सिस्टम तब वहाँ लॉन्च हुए थे सो लक्ष्मीकांत प्यारेलाल, कल्याणजी आनंदजी, वगैरह तब के संगीतकारों के संगीत की झनकार सुनने समझने क्या कैसे रचा बुना है कहाँ कैसे वायलिन ग्रुप, गिटार्स, इलेक्ट्रिक पियानो जिसे तब ऑर्गन कहते थे, इकॉर्डियन, नए नए इंस्ट्रूमेंट्स पर नई नई रिदमें सुनने गुनने!

तब जबलपुर में अफ्रीकन स्टूडेंट्स बहुत थे जिन्हें नीग्रो कहा जाता था. तब साइकिल-रिक्शा ही चलते थे ऑटोरिक्शा कुछ कुछ आने शुरू हुए थे

साइकिल रिक्शा वाले उन नीग्रो लोगों को बैठाने से कतराते थे क्योंकि नीग्रो लोग करते क्या थे? वे अपने हॉस्टल पहुँचने पर कहते थे "वेट! रूम से पैसे लेकर आता हूँ" और गायब हो जाये थे. अब बेचारा रिक्शे वाला क्या करे? कैसे पहचाने कि कौन आया था? सारे तो एक से लगते थे हह

यही हाल ज्यादातर शायरों और शायरी का रहता है कवियों और कविताओं का रहता है ज्यादातर सब एक से ही रंग ढंग में सब एक सी ही लीक पर! दिल पर लिखी हो या सर पर या हाथ पर या पैर पर या बहार पर या इश्क पर या जुदाई पर या खुदाई पर या ग़म पर या खुशी पर या सितारों पर या पहाड़ों पर या नज़ारों पर या चाँद पर या आसमान पर या शबनम पर या शाम पर.. जमीन पर कोई चलना ही नहीं चाहता! कि नई राहें खोजें नया सफर और नई मंज़िलें तय करें

शायरी से या कविता से मेरा परिचय और वास्ता मात्र जगजीत सिंह चित्रा सिंह की गायकी तक ही सीमित है.. और थोड़ा सा कुछ भूपेंद्र-मिताली की गाई कुछ ग़ज़लों तक!

तब कॉलेज के दिनों में ऑर्केस्ट्रा के साथ कोई पाँच साल सघन गाने और मिली वाहवाहियों के अंबार से मैं ऊब गया था कि एक दिन मेरे मामाजी रेडियो के बाद तब नया नया आया नेशनल कंपनी का फाइव स्टार टैपरिकार्डर लाये वो पहला चपटा लंबे मॉडल का लेटा हुआ सा उसमें कैसेट लगती थी और तब मैंने पहली बार ही "ग़ज़ल" यह शब्द सुना मामाजी ने बताया ये जो बज रहा है ये ग़ज़ल है और कोई जगजीत सिंह चित्रा सिंह की जोड़ी गा रही है.. दुनिया जिसे कहते हैं जादू का खिलौना है, मिल जाये तो मिट्टी है खो जाए तो सोना है"

फिर तो उनकी कई ग़ज़लें सुनीं.. "तुम नहीं ग़म नहीं शराब नहीं, ऐसी तन्हाई का जवाब नहीं".. और इन दोनों ग़ज़लों का नशा ऐसा सिर चढ़ा कि मैं भी इन्हें महफ़िलों में गाता रहा

फिर एक के बाद एक इनके एल्बम आते और मैं खोज खोजकर इनकी ग़ज़लों के कैसेट्स जमा करता और ज्यादा समय इनकी ग़ज़लें सुनता रहता

लेकिन कभी भी यह ध्यान नहीं आया कि जगजीत चित्रा जो ग़ज़लें गाते हैं वे लिखी किसने हैं और कभी शायरी वायरी पढ़ने का तो ख्याल भी नहीं आया और शायरों के नाम जानने की तो बात ही दिमाग में नहीं आई बस जगजीत चित्रा को सुनो सुनते ही रहो

ग़ज़लें सुनने में पैदा हुई रुचि में फिर और ग़ज़लसिंगर्स को सुनने तलाश शुरू हुई

तो दो नाम और सामने आए अनूप जलौटा और पंकज उदास

तब अनूप जलौटा के भजन भी खूब चल निकले थे और उनकी ग़ज़लें भी टाइप्ड हो गई थीं भजन सी ही लगती थीं... जाम चलने लगे दिल मचलने लगे चेहरे-चेहरे पे रंगे शराब आ गया... अशआर मेरे यूँ तो ज़माने के लिए हैं.. कुछ शे'र फ़क़त उनको सुनाने के लिए हैं...

और पंकज उदास को सुनकर लगा कि ये क्या है? विचित्र सी गायिकी अजब सी आलापें गज़ब सी कहीं भी उठती गिरती धुनें कहीं से भी शुरू कहीं पर भी खत्म होती लयकारी और सुर तो जैसे अपना पता ही भूल गए... मजा लेना है पीने का तो कम कम धीरे धीरे पी.... ला पिला दे साकिया पैमाना पैमाने के बाद.... हुई महंगी बहुत शराब के थोड़ी थोड़ी पिया करो.... चाँदी जैसा रंग है तेरा सोने जैसे बाल.. एक तू ही धनवान है गोरी बाक़ी सब कंगाल.... शराब शबाब जैसे शब्द और अदाकारी ही जैसे ग़ज़ल हो... जैसे शराब कबाब और शबाब पर लिखना-गाना ही ग़ज़ल हो.... ज़िंदगी से.. दिल की बातों से.. भावनाओं से.. सुरों से.. दूर दूर तक कोई वास्ता नहीं.... बस शेरवानी और शाल ही जैसे ग़ज़ल हो.... यानि ग़ज़ल गायब और बाकी सारा तामझाम हाज़िर!

आगे बढ़ी तलाश तो गुलाम अली सामने आए.. चुपके चुपके रात दिन, आँसू बहाना याद है.. इसमें तबले पर उनकी

संगत करते तब के नवोदित-कलाकार ज़ाकिर हुसैन ने अपने बालों के झटके के साथ ऐसे लटके-झटकेदार तबला बजाया कि गुलाम अली भी उनकी तबले की उठापटक पकड़ते गाते से लगे और ग़ज़ल गायिकी के इस नए से आयटम ने श्रोताओं का खूब मनोरंजन किया लेकिन इससे गुलाम अली को लगा कि यही स्टाइल फेमस हुआ है यही उन्हें फेमस करेगा सो वे उसी झटकेदार गायिकी में नई नई कलाबाजियां दिखाने में जुट गए जिसमें ग़ज़ल तो खैर क्या मिलनी थी श्रोता जैसे थ्रिल में सर्कस के झूलों पर जल्दी जल्दी झटके खाते एक झूले से दूसरे और कभी झूले से नीचे बंधे जाल पर गिरकर उछलते सो अपुन ने सुकून भरी ग़ज़ल सुनने की तलाश आगे बढ़ा ली और सामने आ गई मेहंदी हसन की "रंजिश ही सही दिल ही दुखाने के लिए आ".. उनकी और ग़ज़लें तलाशीं तो सबमें एक सा पाकिस्तानी ग़ज़ल गायिकी वाला रंग ओ ढर्रा बहुत देर तक बाँध न सका वहाँ भी भारतीय जनमानस की ग़ज़ल न मिली बस मेहंदी हसन मिले और वही लखनऊ के नवाबी कोठों की महफ़िलों का पेशकारी अंदाज़

और इस तरफ, जगजीत चित्रा ज़िंदगी और दिल की बातें करने वाली नई नई ग़ज़लों को उनके अलग अलग रंगों में उतारते डुबाते भिगोते सराबोर करते रहे और ग़ज़ल का दूसरा नाम जगजीत-चित्रा बन गए

लेकिन इस पूरी ग़ज़ल-तलाश यात्रा में कहीं भी कभी भी यह ख्याल नहीं आया कि जो ग़ज़ल हम सुन रहे हैं वो लिखी किसने है जैसे ग़ज़ल का सरोकार मात्र जगजीत-चित्रा की गायिकी से था उन्होंने ग़ज़ल को तवायफों के कोठों के

महफ़िली पेशकारी अंदाज़ से बाहर निकालकर भारत के आम लोगों की ज़िंदगी और दिल की बातों को भारतीय जनमानस के मूल्यों के साथ उनकी ही भाषा में बुना और ग़ज़लें घर-घर में गूँजने लगीं

फिर भी जगजीत जी लाइव कंसर्ट्स में कभी किसी शायर का नाम ले देते बस वे ही सुनने में आये लेकिन जगजीत-चित्रा की गाई ग़ज़लों से इतर ग़ज़लें पढ़ने का इंटरेस्ट तो खैर कभी नहीं आया.

आज भी, ग़ज़लों के जो करोड़ों श्रोता जगजीत जी ने पैदा किये उनमें से शायद ही कोई चंद श्रोता होंगे जिन्हें शायरों के उन चंद नामों के अलावा शायरों के कोई नाम पता हों जिनके नाम जगजीत जी ने अपने लाइव कंसर्ट्स में लिए! और जब कभी भी शायरों के नाम जानने की और उनकी शायरी पढ़ने की कोशिश करो तो वही अहमद वही मुहम्मद वही सलीम करीम वसीम अकील शकील लकीर के फकीर लखनवी बरेलवी देहलवी सारे वैसे ही नीग्रो से एक से और शायरी में भी वही एक से रंग एक से ढंग एक सी बातें एक सा ढर्रा

जगजीत जी के जाने से जैसे मन भी रिक्त हो गया और उनकी नई नई ग़ज़लें सुनने के आदी कान भी तरस गए

सो फिर एक रास्ता सूझा कि एक हारमोनियम खरीद लो और जैसी ग़ज़लें जैसी धुनें जैसे सुर सुनना चाहते हो वे खुद ही ढूँढो खुद ही सुरों में बुनो खुद ही सुनो और जो सुनना चाहे वो भी सुन सके तो यूट्यूब पर भी अपलोड करते रहो

सो फिर शुरू हुई ग़ज़लों की तलाश.. आज नेट और गूगल के युग में सब कुछ मोबाइल में उपलब्ध है.. दुनिया भर की हर विषय की जानकारी यहाँ ईजीली उपलब्ध है सो ग़ज़लें भी..

तलाश शुरू की तो गूगल गगन में विचरते पहुँच गए फेसबुक पर..यहाँ का नज़ारा देखा तो चौंक पड़े.. ग़ज़लों के नाम पर ग़ज़लों की आड़ में यहाँ तो अलग ही समां बँधे हुए.. ख़बर से बड़े ख़बरीलाल और ग़ज़ल से बड़े ग़ज़लकार.. ग़ज़ल बेचारी ये धूमधड़ाका देखकर कोने में सिमटी हुई कि मुशायरा तो मेरे नाम पर रख है लेकिन मुझसे ज्यादा सजे धजे बाराती लगे हैं एक दूसरे की वाहवाही करते जैसे इन्हीं का जश्ने बहारां हो ग़जल तो बस बहाना है.. वाह मोहतरमा आप तो बस आप हैं वाह वाह क्या शान है क्या अदा है आपकी.. ग़ज़लों की.. शुक्रिया जनाब मोहतरम आपकी ज़र्रानवाज़ी है नज़रे इनायत है.. तवज्जो की तलबगार हूँ सलामत रहें...

इस अफ़रातफ़री धूमधड़ाके के बीच भूसे के ढेर सी फिलबदीहों में से अपनी ग़ज़लें चुनना एक बड़ी चुनौती से कम नहीं..!

क्योंकि चारों ओर तरह तरह के प्रोपोगंडा फैलाकर ऐसे चक्रव्यूह रच दिए गए हैं कि ग़ज़ल भी जैसे कोई आसमानी चीज हो जो सिर्फ जुम्मा के रोज़ चाँद रात में अमन वालों के सिर पर छपी छपाई गिरती है यही ऐसे इल्म वाले हैं बाकियों को तो ग़ज़ल का ग़ भी इनसे सीखे बिना नहीं आ सकता और कोई लिखे तो ये ही उसकी 'इस्लाह' करें तो ही ग़ज़ल को जन्नत नसीब होगी

...और हमें ऐसी ग़ज़लें चाहिए ही नहीं जो बस जन्नत वाले ही समझ पायें

हमें तो चाहिए देश विदेश में बसे आम भारतीयों की पसंद की आम बोलचाल की भाषा-शब्दों की अपने मनोभावों की ग़ज़लें... जगजीत सिंह जी की तरह की.. हमें कौन सा जन्नत जाना है सो जन्नती ग़ज़लों में सर खपायें...!

– क्या ग़ज़लों में उर्दू ठूँसना जरूरी है?

मेरी समझ से बाहर है कि ये कहाँ की भाषा है कौन ये समझता है ? मुझे तो कहीं भी न कोई उर्दू का अखबार पढ़ते दिखता है न किसी के हाथ में उर्दू की कोई किताब या मैगजीन दिखती है कहीं भी देख लो ट्रेनों में बसों में बाजार में कहीं भी

जनता जो भाषा जो शब्द समझती नहीं उसमें लिखकर क्या फायदा होता है जब जनता ये न पढ़ती है न सुनती है

मेरी समझ से बाहर है ये

भारत के लोग न ये अरबी कबीलाई अरबी से उपजी उर्दू समझते ही नहीं न ही भारत के लोगों का कल्चर उर्दू वालों के प्रेरणाश्रोत अरबी कबीलों के कल्चर जैसा है! आप कितने लोगों को हाथ में उर्दू कि किताबें या अखबार या मैगजीन लिए देखते हैं???

भारत में जितनी भी भाषाएं लिस्टेड हैं सभी बायें से दाएं ही लिखी जाती हैं

मात्र उर्दू ही दाएं से बाएं लिखी जाती है!

ये सारे तथ्य साबित करते हैं कि ऑफकोर्स उर्दू भारतीयों की भाषा नहीं है और ये मात्र 700 साल पहले भारत में मुगलों के साथ आई अरबी से जन्मी है वैसी ही लिखी पढ़ी जाती है लेकिन सदियों के सघन प्रयास के बावजूद भारतीयों ने न ही उर्दू अपनाई न ही ये अरबी कबीलों का कल्चर अपनाया!!

देश विदेश में बसे भारत के लोग और दुनिया भर में फैले जगजीत जी की इंडियन ग़ज़लों के फैन न उर्दू भाषा समझते हैं न उर्दू वालों के कल्चर को लाइक करते हैं! जगजीत जी की ख़ालिस उर्दू ग़ज़लें फ्लॉप रही हैं!!

दुनिया ने तो "ग़ज़ल" शब्द ही जगजीत सिंह जी के कारण सुना.. और जगजीत जी की भी इंडियन ग़ज़लें ही चलीं.. ग़ालिब टाइप की अरबी ग़ज़लें फ्लॉप हुईं..! सो बात समझना सिम्पल है कि देश दुनिया में जगजीत सिंह जी द्वारा बनाये गए ग़ज़लों के जो करोड़ों फैन हैं वे खालिस उर्दू / अरबी शब्द न तो समझते हैं और न ही वो कल्चर अपनाना पसंद करते हैं.. बल्कि सबको भारतीयों के आम बोलचाल के शब्दों में अपनी सी लगने वाली बातें पिरोई हुई ग़ज़लें ही भाती हैं

- क्या ग़ज़लें लिखने के लिए अपनी मातृभूमि की संस्कृति अपनी बोली का 'नमस्ते' 'धन्यवाद' 'आदरणीय' 'आदरणीया' 'महोदय 'महोदया' ये संबोधन त्यागना और अरबी कबीलों के कल्चर का 'शुक्रिया' 'जनाब' 'मोहतरम' 'मोहतरमा' 'आदाब' 'सलामत रहें' 'तवज्जो चाहता/चाहती हूँ' 'नज़रे इनायत चाहती हूँ' 'आपका करम है'.. ये करना जरूरी है अन्यथा आप सही ग़ज़ल नहीं लिख पायेंगे?

- ग़ज़लों में कितनी उर्दू यूज करें?

जैसे हम चाइनीज खाते हैं बनाते हैं लेकिन चमगादड़ नहीं खाते और न चीनियों के कल्चर अपनाते हैं

वैसे ही उतनी ही उर्दू यूज करनी चाहिए चमगादड़ खाने जितनी उर्दू न लें!!

संस्कार

और

तहज़ीब

ये दोनों एक ही चीज़ नहीं हैं

संस्कार अर्थात भारतीय संस्कार

नमस्ते, प्रणाम, श्रीमान, आदरणीय, धन्यवाद, आपकी कृपा है

और

तहज़ीब अर्थात अरबी तहज़ीब

सलाम, आदाब, जनाब, मोहतरम, शुक्रिया, आपकी इनायत है

वगैरह

ग़ज़ल लिखने में चाहे हम

'कोशिश'

शब्द लें

लेकिन

बोलने में

'प्रयास'

शब्द का प्रयोग करना चाहिए

इसी प्रकार

ग़ज़ल लिखने में भले ही हमें

'इजाज़त'

शब्द लिखना पड़े

लेकिन

आपसी बोलचाल में

'अनुमति'

शब्द का प्रयोग करना चाहिए

इस प्रकार शब्दों के चयन का ध्यान रखना चाहिए

जब आप अपने "संस्कारों" से वार्तालाप करने की बजाय "तहज़ीब" अपना लेते हैं तो आपकी युवा पीढ़ी को लगता है कि तहज़ीब सुपर चीज़ है और वो भी तहज़ीब अपनाने की तरफ आकर्षित हो जाते हैं

युवा पीढ़ी आदर्शों को देखकर आगे बढ़ती है

सो उन्हें "तहज़ीब वाले" आदर्श लगने लगते हैं और अपने संस्कार उनमें हीन भावना पैदा करने लगते हैं

और जब "तहज़ीब वाले" ही हैं तो वे "नकलची तहज़ीब वाले" को आदर्श क्यों मानेंगे? वे "असली तहज़ीब वाले" को ही आदर्श मानकर उसका अनुसरण करना शुरू कर देंगे

अतः

शायरी करें ग़ज़लें नज़्में लिखें वैसे ही जैसे चाइनीज बनाते खाते खिलाते हैं

लेकिन चाइनीज कल्चर नहीं अपनाते!

इस विहंगम परिप्रेक्ष्य में देखा जा सकता है कि,

ग़ज़ल-राईटर 'मंजु' जी और उनके 'इंडियन ग़ज़ल संग्रह' सार्थक और अति सफल प्रयास है! उनकी ओर से जगजीत सिंह जी की इंडियन ग़ज़लों के फैन्स के लिए एक बहुत ही सुखद सौगात है!

साथ ही, 'मंजु' जी के ये 'इंडियन ग़ज़ल संग्रह' उन युवाओं/युवतियों के लिए एक दोस्त एक मार्गदर्शक बनेंगे जो अपने मन की भावनाओं को पोइट्री में उतारने का प्रयास करते रहते हैं और 'ग़ज़ल' विधा की जानकारी चाहते हैं.. आम लोगों के दिलों तक पहुँचने वाली ग़ज़लें लिखना चाहते हैं! 'मंजु' जी की तरह आम भारतीयों के बोलचाल के शब्दों में अपने मन की बातें ग़ज़लों में लिखें ताकि आपके मन की बात सबको अपने मन की बात लगे और सबके दिलों में आसानी से उतर जाए!!

सबसे महत्वपूर्ण बात..

किसी को भी गुरु या उस्ताद न बनायें

दुनिया में परमज्ञानी कोई नहीं है

स्वयं को गुरु बनाएं और स्वयं के शिष्य बनें

इससे भटकन का खतरा नहीं होगा

जो सही लगे वो करें

अपना सत्य स्वयं खोजें

क्योंकि ज्यादातर सो कॉल्ड गुरु-उस्ताद अपने स्वार्थ के लिए भटका देते हैं

बनाना ही है तो गूगल को ही गुरु बना लें ये कभी भी आपका शारीरिक मानसिक शोषण नहीं करेगा..!!

ग़ज़ल लिखने वाले युवाओं / युवतियों से एक और महत्वपूर्ण बात जो मैं कहना चाहता हूँ और वो ये कि ग़ज़लें लिखने के बाद अगले फेज में 'ग़ज़लों के पाठकों' तक आप किस प्रकार पहुँचना चाहते हैं?

क्या आप 'शायर' 'शायरा' कहलाना चाहते हैं और एक विशेष वर्ग के सीमित श्रोता वाले मुशायरों में मंचों की तलाश में हैं?

या आप 'ग़ज़ल-राईटर' कहलाना पसंद करेंगे और दुनिया भर में खुले आसमान में फैले जगजीत सिंह जी के बनाये इंडियन ग़ज़ल के फैन्स तक अपनी ग़ज़लें पहुँचाना चाहते हैं?

यदि आप 'शायर' 'शायरा' कहलवाना पसंद करते हैं तो आपका रास्ता मुशायरों को ओर जाता है वहाँ जनाबों मोहतरमों

को शुक्रिया हुज़ूर शुक्रिया करें शायद आपको आपकी मंज़िल मिल जाये!!

लेकिन यदि आप 'शायर' 'शायरा' कहलाना पसंद नहीं करते तो आप स्वयं के नाम के आगे अपनी पहचान के तौर पर 'ग़ज़ल-राईटर' लिखें और यूट्यूब पर अपना चैनल बनाकर अपनी ग़ज़लें पढ़ते/गाते हुए अपने वीडियोज अपलोड करें!

सीधी वाहवाही के लालच और मोह में न पड़ें इस वाहवाही ने ज्यादतरों को बर्बादी की कगार पर धकेल दिया है.. अपने फैन्स से सीधे संपर्क से बचें.. हर वाहवाही पर हर कमेंट पर रिस्पांड करना जरूरी नहीं है.. अपनी ग़ज़लें अपने वीडियोज पोस्ट करें और अपने आप में अपने क्रिएशन में खोए रहें!

याद रखें..

"कर्मण्येवाधिकारस्ते माफलेषु कदाचिना!!"

कर्म कभी खाली नहीं जाता!

कर्मफल अवश्य मिलता है! कर्मफल की अपेक्षा / चिंता छोड़कर कर्म करने में जुटे रहें!!

आपका कर्म आपको आपके श्रोताओं से मिलवा देगा!!

इंडियन ग़ज़ल के बारे में और चर्चाओं के लिए हमारे यूट्यूब चैनल से जुड़ें

www.youtube.com/RamGhazals

वन्देमातरम!! 🙏

– राम

ग़ज़लसिंगर, मुम्बई (भारत)

संपर्क:

ramghazals.india@gmail.com

indiangazal@gmail.com

मेरी बात..

दूर चाहे जा चुकी थी मैं बहुत

लौटने का रास्ता अच्छा लगा

- मंजु

दुबली पतली.. पढ़ने का चश्मा लगाए.. पढ़ाई में डूबी.. मेडिकल की पढ़ाई कर रही लड़की.. जाने कब एक ग़ज़ल गुनगुनाने लगी........अपने होंटों पर सजाना चाहता हूँ आ तुझे मैं गुनगुनाना चाहता हूँ..... जाने कब कहाँ सुनी थी उसने यह ग़ज़ल.. एक बहुत ही नर्म और दिल में उतर जाने वाली धीर गंभीर आवाज़ में.. पता करने पर नाम सुना.. जगजीत सिंह चित्रा सिंह..

एमबीबीएस कम्प्लीट की.. विवाह हुआ.. बच्चों की देखभाल और पढ़ाई.. अपनी क्लिनिक के कामों.. की व्यस्तताओं में बीते वर्षों के बाद जब बच्चे कॉलेज के दौर में पहुँच गए और जीवन से पहली फुर्सत सी मिली.. और ध्यान स्वयं की तरफ गया कि मैं क्या करना चाहती थी अपनी लाइफ में?.. अपनी हॉबीज़ को स्मृतियों में टटोला तो याद आई वही दुबली पतली चश्मिश लड़की जो जगजीत सिंह की गायी ग़ज़लों में

गुम हो जाती थीं.. जगजीत सिंह जी की याद आते ही याद आया कि वे तो अब इस दुनिया में नहीं हैं.. और फिर से चल पड़ीं जगजीत सिंह की ग़ज़लें और जाने कब हाथों ने थाम ली कलम.. कल्पनाओं में यह कि जैसे उसकी लिखी लाइनें जगजीत सिंह की उसी धीर गंभीर आवाज़ में गूँज पड़ें..! दिल में हूक सी उठी कि काश मैं भी ऐसा कुछ लिख पाती जो जगजीत सिंह गाते...

खैर! उम्र के इस पड़ाव पर उन हॉबीज को तो नहीं पकड़ा जा सकता अलबत्ता अपने आसपास की दुनिया में फैली अलग-अलग तरह की भावनाओं को समझा और लिखा जा सकता है अनकही बातों को आवाज़ दी जा सकती है और अनायास कलम हाथ में आ गई और जो कुछ लिखा गया उसकी शक्ल एक कविता की थी और इस तरह हाथों ने कलम थाम ली और फिर रुकने का नाम ही नहीं लिया नौ किताबें छपकर सामने थीं..!

जगजीत सिंह की ग़ज़लें सुनते हुए मन में हूक सी उठी कि मैं भी ग़ज़लें लिखनी शुरू करूँ.. और इस लगन में फेसबुक पर खोज की तो कई ग्रुप्स दिखे जिनमें ग़ज़लें पोस्ट की जाती थीं...लोग लिखते थे डिस्कशन्स करते थे कि ग़ज़ल ऐसे लिखी जाती है वैसे लिखी जाती है और वही ग़ज़ल 'ग़ज़ल' होती है जिसमें ज़्यादा से ज़्यादा उर्दू के शब्द भरे हों.. हर तरफ यही बातें यही माहौल.. और फिर डिक्शनरीज में खोज खोजकर अपनी लिखी ग़ज़लों में उर्दू ही उर्दू भरने लगी..

माहौल में फैली बातें कलम को भटकाती ले गईं.. एक मदहोशी सी तारी थी कि जिसने जाने कब 'मंजु' को उर्दू शायरा 'अना' बना दिया जो वर्षों अनजानी भाषा में भटकाये रही.. ग़ज़लों का ढेर लगा दिया.. लेकिन वे अपने ही लोगों को समझ न आईं क्योंकि वे अपने परिवेश की थी ही नहीं और इस तरह कलम जाकर एक सुनसान रास्ते पर पहुँच गई जहाँ न अपनों की बस्ती थी और न कोई सरोकार..!

मन में विचार आया.. कि मेरी कलम ये क्या लिख रही है? मेरी कलम से अपने परिवेश अपने लोगों का कोई वास्ता है ही नहीं? मैं 'अना' कब और कैसे हो गई? जिसे कोई भी अपना पहचान ही नहीं पा रहा था.. अपनी दुनिया में ही अनजानी थी खड़ी मैं? ख़ुद को ढूँढा तो मैं ग़ायब थी.. ये 'अना' कौन है? कहाँ से आई है? मैं भी इसे नहीं जानती न ही पहचानती हूँ..!

कोरोना महामारी के लॉक डाउन के शुरुआती फ़ेज़ में जब अजब अफ़रातफ़री फैली थी.. चारों ओर कर्फ्यू सा पसरा था.. लगभग सारी दुनिया घरों में लॉक हो गई थी.. ऐसे में बस मोबाइल और नेट ही सहारा था.. इसी फ़ेज़ में फ़ेसबुक पर कई ग्रुप्स ने FB LIVE के सिलसिले चला रखे थे.. इसी सिलसिले में एक फेसबुक ग्रुप में ग़ज़लसिंगर राम की गायी ग़ज़ल सुनने को मिली.. उनकी आवाज़ और अदायगी ने अनायास जगजीत सिंह की याद ताज़ा कर दी.. और उस ग्रुप में उनकी उस पोस्ट में बात हुई.. मैंने कहा कि आप मेरी ग़ज़लें भी देख लें और जो ग़ज़ल आपको अच्छी लगे उसे अपनी आवाज़ दें.. उन्होंने कहा कि आपकी वे ग़ज़लें जो आपको लगता हो कि मैं गा सकता हूँ

ईमेल से भेज दें.. मैंने उन्हें लगभग पचास ग़ज़लें भेजीं उनमें से उन्होंने सिर्फ़ दो ग़ज़लें चुनीं और उन्होंने जो कहा उससे मैं चौंक गई.. उन्होंने कहा - "आपकी बाक़ी लगभग अड़तालीस ग़ज़लें मुझे समझ नहीं आ रही हैं कि आपने क्या लिखा है.. जब मुझे ही आपकी भाषा-शब्द और आपने क्या लिखा है उसका मतलब समझ नहीं आ रहा तो मैं गाऊँगा कैसे और वो भारत के आम लोगों को समझ ही नहीं आएँगी तो कोई सुनेगा भी नहीं.. मुझे तो जगजीत जी की तरह आम भारतीयों के आमबोलचाल के शब्दों में लिखी ग़ज़लें ही दें"

तो मैंने उन्हें डाक से अपने सातों ग़ज़ल-संग्रह भेज दिए जिनमें लगभग छः सौ ग़ज़लें थीं.. उनका जवाब आया कि उन्हें मेरी ग़ज़लों की भाषा-शब्द समझ ही नहीं आ रहे.. बहुत खोजने पर मात्र तीन ही ग़ज़लें ऐसी मिली हैं जो भारत के आम लोगों की समझ में आने वाले आमबोलचाल के शब्दों में हैं सो वे वे ग़ज़लें ही गाएँगे जो आम लोगों को समझ में आयें और सो पसंद आएँ क्योंकि आम भारतीय जगजीत जी की शैली वाली भारतीय आमजनमानस की ग़ज़लें ही सुनना पसंद करते हैं.. 100 में से लगभग 90 भारतीयों से पूछो कि जगजीत सिंह का नाम सुना है तो वे झट से कहते हैं 'हाँ ग़ज़ल सिंगर जगजीत सिंह".. जो उनसे पूछो कि और किसी ग़ज़लसिंगर का नाम सुना है तो लगभग सभी भारतीय लोग कहते हैं कि नहीं! अर्थात ग़ज़ल मतलब जगजीत सिंह! जगजीत सिंह मतलब ग़ज़ल वाले जगजीत सिंह!

उन्होंने एक बात पूछी कि "आपने रेलवे स्टेशनों पर या अन्य सावर्जनिक जगहों पर आते जाते कितने लोगों के हाथों में उर्दू का अख़बार या कोई मैगजीन या किताब देखी है"?

बात बहुत सही और धरातल पर लाने वाली थी और बस वहीं मुझे यह शे'र याद आया

ख़ुद कहे ख़ुद सुना करे कोई

कब तलक इस तरह जिये कोई

इस शे'र को इस तरह कहकर ख़ुद से पूछा;

ख़ुद लिखे ख़ुद पढ़ा करे कोई

इस तरह क्यों लिखा करे कोई

और फिर तलाश शुरू हुई अपनी ही और 'मंजु' अंदर से निकलकर आई.. हाँ.. मैं.. मैं तो 'मंजु' थी.. हाँ.. मैं तो 'मंजु' हूँ.. इतने वर्षों बाद अपना चेहरा अपना वजूद सामने देखकर राहत की साँस आई कि मंजु जो जाने कहाँ कहाँ चली गई थी.. जाने कहाँ खो गयी थी.. वो वापस अपने घर आ गई है.. Back to Home...

बात सही भी है---

जगजीत जी आख़िर क्यों देश विदेश में इस प्रकार ग़ज़लों का पर्याय बनकर छा गए? तो बात यही समझ आई कि ग़ज़लों में भाषा-शब्द और विषय यदि लोगों के अपने से होंगे तो ही वे लोगों को अपनी सी लगेंगी

और हमने भी अपनी राह जगजीत जी की शैली वाली "इंडियन ग़ज़ल" वाली पकड़ ली उसी के नतीजे में ये ग़ज़ल-संग्रह अस्तित्व में आए हैं..

अपनों के पास

अपनों की भाषा

अपनों के शब्द

अपनी भूमि

अपनी ग़ज़लें

"इंडियन ग़ज़लें"..

जहाँ तक पहुँचना है सपना तुम्हारा

वहीं से तो उकता के मैं आ रही हूँ

'मंजु' की घर वापसी हो चुकी है.. इस 'इंडियन ग़ज़लों के संग्रह - Back To Home".. के साथ........

इस ग़ज़ल-संग्रह के प्रकाशन-संयोजन में कवर डिजाइनिंग से लेकर ग़ज़लों के संयोजन तक में नोशन प्रेस की टीम और विशेषतः पब्लिशिंग मैनेजर हीरल ने बहुत कल्पनाशीलता और लगन के साथ इसे रुचिकर स्वरूप दिया है वे प्रशंसा की पात्र हैं!

वन्देमातरम!!

- मंजु

डॉ.मंजु कछावा 'मंजु'

बीकानेर (राजस्थान)

भारत (India)

Email:

manju.indiangazal@gmail.com

ग़ज़लों में आम बोलचाल के हिंदी/उर्दू/अँग्रेजी के शब्द लिखें किंतु आपसी बोलचाल में हिन्दी बोलने का प्रयास करें_

ये वो उर्दू के शब्द जो आप प्रतिदिन प्रयोग करते हैं, इन शब्दों को त्याग कर मातृभाषा का प्रयोग करें...

#उर्दू		#हिंदी
01 ईमानदार	-	निष्ठावान
02 इंतजार	-	प्रतीक्षा
03 इत्तेफाक	-	संयोग
04 सिर्फ	-	केवल, मात्र
05 शहीद	-	बलिदान
06 यकीन	-	विश्वास, भरोसा
07 इस्तकबाल	-	स्वागत
08 इस्तेमाल	-	उपयोग, प्रयोग
09 किताब	-	पुस्तक
10 मुल्क	-	देश
11 कर्ज़	-	ऋण
12 तारीफ़	-	प्रशंसा
13 तारीख	-	दिनांक, तिथि

14 इल्ज़ाम	-	आरोप
15 गुनाह	-	अपराध
16 शुक्रीया	-	धन्यवाद, आभार
17 सलाम	-	नमस्कार, प्रणाम
18 मशहूर	-	प्रसिद्ध
19 अगर	-	यदि
20 ऐतराज़	-	आपत्ति
21 सियासत	-	राजनीति
22 इंतकाम	-	प्रतिशोध
23 इज्ज़त	-	मान, प्रतिष्ठा
24 इलाका	-	क्षेत्र
25 एहसान	-	आभार, उपकार
26 अहसानफरामोश	-	कृतघ्न
27 मसला	-	समस्या
28 इश्तेहार	-	विज्ञापन
29 इम्तेहान	-	परीक्षा
30 कुबूल	-	स्वीकार
31 मजबूर	-	विवश
32 मंजूरी	-	स्वीकृति

33	इंतकाल	-	मृत्यु, निधन
34	बेइज्जती	-	तिरस्कार
35	दस्तखत	-	हस्ताक्षर
36	हैरानी	-	आश्चर्य
37	कोशिश	-	प्रयास, चेष्टा
38	किस्मत	-	भाग्य
39	फैसला	-	निर्णय
40	हक	-	अधिकार
41	मुमकिन	-	संभव
42	फर्ज़	-	कर्तव्य
43	उम्र	-	आयु
44	साल	-	वर्ष
45	शर्म	-	लज्जा
46	सवाल	-	प्रश्न
47	जवाब	-	उत्तर
48	जिम्मेदार	-	उत्तरदायी
49	फतह	-	विजय
50	धोखा	-	छल
51	काबिल	-	योग्य

52 करीब	-	समीप, निकट
53 जिंदगी	-	जीवन
54 हकीकत	-	सत्य
55 झूठ	-	मिथ्या, असत्य
56 जल्दी	-	शीघ्र
57 इनाम	-	पुरस्कार
58 तोहफ़ा	-	उपहार
59 इलाज	-	उपचार
60 हुक्म	-	आदेश
61 शक	-	संदेह
62 ख्वाब	-	स्वप्न
63 तब्दील	-	परिवर्तित
64 कसूर	-	दोष
65 बेकसूर	-	निर्दोष
66 कामयाब	-	सफल
67 गुलाम	-	दास
68 जन्नत	-	स्वर्ग
69 जहन्नुम	-	नर्क
70 खौफ	-	डर

71 जश्न - उत्सव

72 मुबारक - बधाई/शुभेच्छा

73 लिहाज़ा - इसलीए

74 निकाह - विवाह/लग्न

75 आशिक - प्रेमी

76 माशुका - प्रेमिका

77 हकीम - वैध

78 नवाब - राजसाहब

79 रुह - आत्मा

80 खुदकुशी - आत्महत्या

81 इज़हार - प्रस्ताव

82 बादशाह - राजा/महाराजा

83 ख़्वाहिश - महत्वाकांक्षा

84 जिस्म - शरीर/अंग

85 हैवान - दैत्य/असुर

86 रहम - दया

87 बेरहम - बेदर्द/दर्दनाक

88 ख़ारिज - रद्द

89 इस्तीफ़ा - त्यागपत्र

90 रोशनी	-	प्रकाश
91 मसीहा	-	देवदुत
92 पाक	-	पवित्र
93 क़त्ल	-	हत्या
94 कातिल	-	हत्यारा
95 मुहैया	-	उपलब्ध
96 फ़ीसदी	-	प्रतिशत
97 क़ायल	-	प्रशंसक
98 मुरीद	-	भक्त
99 कीमत	-	मूल्य (मुद्रा में)
100 वक्त	-	समय
101 सुकून	-	शाँति
102 आराम	-	विश्राम
103 मशरूफ़	-	व्यस्त
104 हसीन	-	सुंदर
105 कुदरत	-	प्रकृति
106 करिश्मा	-	चमत्कार
107 इजाद	-	आविष्कार
108 ज़रूरत	-	आवश्यकता

109 ज़रूर   -   अवश्य

110 बेहद   -   असीम

111 तहत   -   अनुसार

इनके अतिरिक्त हम प्रतिदिन अनायास ही अनेक उर्दू शब्द प्रयोग में लेते हैं, कारण है ये बॉलिवुड और मीडिया जो एक इस्लामी षड़यंत्र के अनुसार हमारी मातृभाषा पर ग्रहण लगाते आ रहे हैं।

हिन्दी हमारी राजभाषा एवं मातृभाषा हैं इसका सम्मान करें, भाषा बचाईये, संस्कृति बचाईये अपनी पहचान और अपनी आने वाली पीढ़ियों के भविष्य को बचाइए!!

वन्देमातरम

निविदक,

राम

ग़ज़लसिंगर

'ग़ज़ल' लिखना चाहने वालों के लिए कुछ महत्वपूर्ण जानकारियाँ

हम, आप लोगों को , आप लोग यानी वे लोग जो कविता या शायरी जैसा कुछ लिखते रहते हैं अपनी डायरी में या यहाँ वहाँ कहीं भी लेकिन यह पता नहीं होता कि मैंने जो लिखा है कि यह कविता है , शायरी है, ग़ज़ल है, नज़्म है या मुक्त छंद है क्या है ?

इनमें से उन लोगों के लिए जो ग़ज़ल लिखना चाहते हैं लेकिन उन्हें अब तक पता नहीं है कि ग़ज़ल वास्तव में क्या होती है ? कैसे लिखी जाती है ? ग़ज़ल में क्या क्या मापदण्ड होते हैं?

उनके लिए हम यहाँ ग़ज़ल के बारे में कुछ मुख्य बातें बता रहे हैं।

जिस प्रकार सिक्के के दो पहलू होते हैं , जैसे रात होती है तो दिन भी होता है और रात-दिन दोनों मिलकर एक पूरा दिन बनाते हैं, जैसे काला होता है तो सफेद भी होता है, जैसे अँधेरा होता है तो उजाला भी होता है, जैसे जीवन होता है तो मृत्यु भी होती है, जैसे अच्छा होता है तो बुरा भी होता है जैसे पुरुष होता है तो स्त्री भी होती है कहने का तात्पर्य यह है कि

जीवन के हर क्षेत्र में , दुनिया में उपस्थित हर चीज़ के पहलू होते हैं, दो आयाम होते हैं

ऐसे ही ग़ज़ल में भी दो मुख्य आयाम होते हैं:-

1. बहर

2. मौ.जूँ

1. बहर- बहर अर्थात लय, वाक्य की लम्बाई , लेंथ। इसके वैसे तो कई प्रकार हैं लेकिन बात को समझने के लिए तीन प्रकार मुख्य हैं -1 छोटी बहर, 2 मध्यम बहर, आम तौर पर लोग मध्यम बहर की ही ग़ज़ल लिखते हैं , 3 - बड़ी बहर

इन तीनो बहरों के उदाहरण नीचे लिखे हैं:

1 छोटी बहर की ग़ज़ल

सब गुलों पर तितलियाँ हों

बाग़ में रंगीनियाँ हों

- मंजु

(2122 2122)

2 मध्यम बहर

बीच रस्ते में ही जो थक के ठहर जाते हैं

वो मुसाफ़िर ही तो रस्तों को अखर जाते हैं

- मंजु

(2122 1122 1122 22)

3 बड़ी बहर

है कली कली ही खिली हुई कि हवाओं में भी गुलाल है

ये पहाड़ नदिया ये वादियां सभी पर बहार की शाल है

- मंजु

(11212 11212 11212 11212)

2. मौज़ूँ - मौज़ूं अर्थात विषयवस्तु, बात , मन में आयी भावना जो आप लिखना चाहते हैं

अब हम ग़ज़ल के स्ट्रक्चर की बात करेंगे तो इसमें मुख्यतः 6 चीजें होती हैं

1 मतला

2 शेर

3 मकता

4 क़ाफ़िया

5 रदीफ़

6 बहर

1. मतला:

ग़ज़ल का पहला शेर जिसमें दोनों लाइनों में अंत में तुक मिलाने वाले शब्द होते हैं उसे मतला कहते हैं जैसे हमने ऊपर मुख्य तीन बहरों को समझने में तीन ग़ज़लों के फर्स्ट शेर लिखे हैं उनमें जैसे छोटी बह की ग़ज़ल का उदाहरण देते हुए जो शेर लिखा है उसमें पहली लाइन में 'तितलियाँ' है और दूसरी लाइन में 'रंगीनियाँ' है। जैसे माध्यम बह को समझने के लिए हमने एक ग़ज़ल का मुख्य शेर लिखा है उसमें पहली लाइन का ' ठहर' शब्द और दूसरी लाइन का ' अखर 'शब्द ये मैचिंग शब्द हैं इन शब्दों में अंतिम मात्रा मैचिंग साउंड देती है तुक मिलाती है तो इस प्रकार के शेर को 'मतला' कहते हैं।

2. शेर:

ग़ज़ल में मुख्य शेर अर्थात मतला के बाद कई शेर लिखे जा सकते हैं । मतला और अन्य शेरों में यह फ़र्क़ होता है कि सामान्य शेरों में पहली लाइन में क़ाफ़िया नहीं होता बल्कि सिर्फ़ दूसरी लाइन में क़ाफ़िया होता

है और होना ही चाहिए । एक ग़ज़ल में कितने शेर लिखे जा सकते हैं यह आगे बताया गया है।

3. मकता: ग़ज़ल का अंतिम शेर इसमें ग़ज़ल लिखने वाला अपना नाम या उपनाम मेंशन करता है उसे मकता कहते हैं।

4. क़ाफ़िया: जैसा कि हमने ऊपर समझ लिया है कि मतला में तथा अन्य शेरों में तुकबंदी मिलाने वाले जो शब्द आते हैं उन्हें क़ाफ़िया कहते हैं। ये मैचिंग शब्द 'क़ाफ़िया' कहलाते हैं।

5. रदीफ़: शेरों में क़ाफ़िया के बाद कोई या कुछ शब्द लिखे होते हैं जो बदलते नहीं हैं उसे या उन्हें 'रदीफ़' कहते हैं । रदीफ़ के उदाहरण नीचे के शेरों में देख सकते हैं -

रात भर सोचते रहे हो क्या (हो क्या- रदीफ़)

ख़ुद से तुम आज भी लड़े हो क्या (हो क्या- रदीफ़)

- मंजु

आप में आप ही में खोये हैं (हैं- रदीफ़)

हम कहाँ मुद्दतों से सोये हैं (हैं - रदीफ़)

- मंजु

6. बहर: बहर की जानकारी नीचे लिखी है

ग़ज़ल क्या होती है:

शेरों का समूह जो एक ही बह्र और वज़्न में हो ग़ज़ल कहलाता है। 2 पंक्तियों में बह्र में कही गयी बात शेर कहलाती है। शेर की एक पंक्ति मिसरा कहलाती है, शेर का पहला मिसरा ऊला मिसरा तथा दूसरा मिसरा सानी मिसरा कहलाता है।ग़ज़ल के शेर में तुकांत शब्द क़ाफ़िया कहलाता है। क़ाफ़िया के बाद आने वाला शब्द या शब्द समूह जो हर शेर में दोहराया जाता है उसे रदीफ़ कहते हैं । बिना रदीफ़ की भी ग़ज़ल हो सकती है जिसमें शेर क़ाफ़िया पर समाप्त होते हैं। ग़ज़ल के पहले शेर को मतला कहा जाता है, इसके दोनों मिसरों में क़ाफ़िया और रदीफ़ होता है, बाक़ी सब शेरों में सिर्फ़ सानी मिसरा में रदीफ़ और क़ाफ़िया होते हैं।ग़ज़ल के अंतिम शेर को जिसमें सामान्यतः शायर अपना नाम लिखता है मक़्ता कहते हैं। आम तौर पर ग़ज़लों में शेरों की विषम संख्या होती है, एक ग़ज़ल में 5 से लेकर 25 तक शेर हो सकते हैं, हालांकि बहुत से लोग 11 शेर को अधिकतम मानते हैं। ये शेर एक दूसरे से स्वतंत्र होते हैं।

बहर या मीटर क्या है:

बहर के बिना ग़ज़ल नहीं लिखी जा सकती। बहर ही ग़ज़ल का आधार है।

बहर ऐसा माध्यम है जिसमें निश्चित मात्राओं की कड़ियाँ जुड़ कर पंक्तियों को ग़ज़ल का आकार देती है और लयात्मक बनाती है। मुख्य बहरें 32 बताई जाती हैं जिनके मात्रा भार निम्न हैं:

(1: लघु, 2: दीर्घ)

1. 1222 1222 1222 1222

2. 2122 1212 22

3. 11212 11212 11212 11212

4. 1212 1122 1212 22

5. 221 2122 221 2122

6. 221 2121 1221 212

7. 122 122 122

8. 122 122 122 122

9. 122 122 122 12

10. 212 212 212

11. 212 212 212 2

12. 212 212 212 212

13. 1212 212 122 1212 212 122

14. 2212 2212

15. 2212 1212

16. 2212 2212 2212

17. 2212 2212 2212 2212

18. 2122 2122

19. 2122 1122 22

20. 2122 2122 212

21. 2122 2122 2122

22. 2122 2122 21222 212

23. 2122 1122 1122 22

24. 1121 2122 1121 2122

25. 2122 2122 2122 2122

26. 1222 1222 122

27. 1222 1222 1222

28. 221 1221 1221 122

29. 221 1222 221 1222

30. 212 1222 212 1222

31. 212 1212 1212 1212

32. 1212 1212 1212 1212

इनमें से भी प्रचलित बहरें निम्न हैं:

1. 1222 1222 1222 1222

2. 2122 1212 22

3. 1212 1122 1212 22

4. 221 2121 1221 212

5. 122 122 122 122

6. 212 212 212 212

7. 2122 1122 1122 22

8. 1222 1222 122

नये लिखने वालों के लिये कुछ बहरों के फ़िल्मी गीत भी लिख रहे हैं ताकि उस लय में गुनगुनाकर आसानी से लिखा जाये

1. 1222 1222 1222 1222

    * मुझे तेरी मुहब्बत का सहारा मिल गया होता

    * चलो इक बार फिर से अजनबी बन जाएँ हम

दोनों

2. 2122 1212 22/112

    * यूँ ही तुम मुझसे बात करती हो

    * तुमको देखा तो ये ख़याल आया

3. 11212 11212 11212 11212

    * मुझे तुमसे कुछ भी न चाहिए मुझे मेरे हाल पे

छोड़ दो

    * मेरी ज़िंदगी किसी और की मेरे नाम का कोई

और है

4. 1212 1122 1212 22

   * कभी कभी मेरे दिल में ख़याल आता है

   * कभी किसी को मुकम्मल जहाँ नहीं मिलता

5. 221 2122 221 2122

   * ऐ दिल मुझे बता दे तू किस पे आ गया है

6. 221 2121 1221 212

   * मैं ज़िन्दगी का साथ निभाता चला गया

7. 122 122 122 122

   * इशारों इशारों में दिल लेने वाले

8. 122 122 122 12

   * बदन पे सितारे लपेटे हुए

9. 212 212 212

   * ज़िन्दगी की न टूटे लड़ी

10. 212 212 212 2

   * चाँद अंगड़ाइयाँ ले रहा है

   * आज सोचा तो आँसू भर आये

11. 212 212 212 212

* ये कली जब तलक़ फूल बन के खिले

* तुम अगर साथ देने का वादा करो

12. 121 22 121 22 121 22 121 22

* तुम्हारी नज़रों में हमने देखा अजब सी चाहत

झलक रही है

13. 2212 2212 2212 2212

* इक रास्ता है ज़िन्दगी जो थम गये तो कुछ नहीं

14. 2122 2122

* हमको मन की शक्ति देना

15. 2122 1122 22/112

* जाइए आप कहाँ जाएंगे

16. 2122 2122 212

* दिल के अरमाँ आँसुओं में बह गये

17. 2122 2122 2122

* छोड़ दो आँचल ज़माना क्या कहेगा

18. 2122 2122 2122 212

   * आपकी नज़रों ने समझा प्यार के क़ाबिल मुझे

19. 2122 1122 1122 22 / 112

   * कोई फ़रियाद तेरे दिल में दबी हो जैसे

   * मेरे महबूब तुझे मेरी मुहब्बत की क़सम

20. 11212 122 11212 122

   * मेरे दिल में आज क्या है तू कहे तो मैं बता दूँ

21. 2122 2122 2122 2122

   * दो घड़ी बैठो तुम्हारा रूप आँखों में बसा लूँ

22. 1222 1222 122

   * मुहब्बत अब तिजारत बन गयी है

   * मेरे हाथों में नौ नौ चूड़ियाँ हैं

23. 1222 1222 1222

   * किसी के हाथ ना आएगी ये लड़की

24. 221 1221 1221 122

   * तुम सा कोई प्यारा कोई मासूम नहीं है

   * दुश्मन न करे दोस्त ने वो काम किया है

25. 221 1222 221 1222

   * इक प्यार का नग़मा है मौजों की रवानी है

   * जब दीप जले आना जब शाम ढले आना

26. 212 1222 212 1222

   * ज़िन्दगी की राहों में रंजो ग़म के मेले हैं

27. 1212 1212 1212 1212

   * पुकारता चला हूँ मैं गली गली बहार की

मात्रा गणना क्या है:

बहर में ग़ज़ल लिखने के लिए मात्रा का तथा मात्रा गणना का ज्ञान होना आवश्यक है। मात्रा गणना लघु और दीर्घ उच्चारण में लगने वाले समय और बल से निर्धारित होती है। मात्रा ग़ज़ल की सबसे छोटी इकाई है, यह 2 प्रकार की होती है:

1. 1 मात्रिक - इसे लघु कहते हैं, 1 से दर्शाते हैं

2. 2 मात्रिक- इसे दीर्घ कहते हैं, 2 से दर्शाते हैं

मात्रा गणना के सामान्य नियम:

1. सभी व्यंजन: एक मात्रिक होते हैं

   जैसे: क, ख, ग, घ, च, छ, ज,... आदि 1 मात्रिक हैं

2. अ, इ, उ स्वर व चन्द्र बिंदु तथा इनके साथ आये व्यंजन एक मात्रिक होते हैं

   जैसे: अ, इ, उ, कि, चि, पु, कु , कँ,   आदि एक मात्रिक हैं

3. आ, ई, ऊ, ए, ऐ, ओ ,औ, अं स्वर तथा इनके साथ आये व्यंजन दो मात्रिक होते हैं

   जैसे: आ, को, ला, जू, पी, ने, पै, लौ, सं आदि दो मात्रिक हैं

4. दो एक मात्रिक व्यंजन जुड़कर उच्चारण के अनुसार दो मात्रिक बन जाते हैं ।

   जैसे: घ 1 र 1 = घर 2

   ह 1 ल 1 = हल 2

   गु 1 म 1 = गुम 2

   खि 1 ल 1 = खिल 2

5. आधा अक्षर अपने पहले या बाद के व्यंजन से जुड़ जाता है और उसी में गिना जाता है अगर उससे पहले अथवा बाद में एक मात्रिक है

जैसे: कच्चा 22- उच्चारण से कच् 2 चा 2

लेकिन अगर आधे अक्षर के पहले और बाद में 2 मात्रिक है तो ये आधा अक्षर स्वतंत्र 1 गिना जाएगा जैसे: रास्ता 212 , रा 2 स् 1 ता 2

6. संयुक्त अक्षर क्ष त्र ज्ञ यदि आरम्भ में हों तो 1 गिने जाएंगे जैसे: त्रिशूल 121 त्रि 1 शू 2 ल 1

यदि बीच में आएं तो अपने से पहले लघु से जुड़कर उसे दीर्घ कर देते हैं जैसे: दक्ष 21

मात्रा गिराना:

किसी दीर्घ को लघु करना मात्रा गिराना है।

आ ई ऊ ए ओ स्वर को 1 मात्रिक कर सकते हैं अथवा इनके योग से बने दीर्घ मात्रिक को लघु मात्रिक कर सकते हैं। मात्रा केवल शब्द के अंतिम दीर्घ की गिरा सकते हैं प्रथम अथवा मध्यम की नहीं।

ऐ अं औ को अथवा इनके योग से बने दीर्घ मात्रिक की मात्रा को गिरा नहीं सकते।

क़ाफ़िया के कुछ आम शब्द:

आ: 12 कहा सजा बना हवा दवा सुना खुला मिटा जला बुझा

आ: 212 रास्ता फ़ासला हौसला देखता बेवफ़ा

आ: 22 आया रास्ता तनहा घबरा बिखरा प्यासा

ई: हँसी ख़ुशी गली कही सुनी कभी किसी

अजनबी अनकही ज़िन्दगी रौशनी दोस्ती

बनाई कमाई रिहाई सजाई पराई सफ़ाई जुदाई

ऊ: तू , बू , हू ब हू, लहू, आरज़ू, जुस्तजू, आबरू

ए: क़िस्से बच्चे कैसे ऊँचे छूटे

ओ: हो खो रो सो लो भिगो पिरो चुभो

इयाँ: चिड़ियाँ पत्तियाँ गहराइयाँ अंगड़ाइयाँ

बधाइयाँ तनहाइयाँ

आँ: कहाँ वहाँ जहाँ मकाँ आसमाँ ज़ुबाँ निशाँ

कुआँ धुआँ इम्तिहाँ

ऊँ: कहूँ लिखूँ सुनूँ पढ़ूं रहूँ चलूँ लूँ

आओ: आओ जाओ खाओ पाओ लाओ गाओ

क: चमक महक बहक लटक मटक कसक

ठिठक झिझक

ग: रंग ढंग संग दंग अंग तरंग उमंग पतंग

ट: कट झट फट रट लट हट पलट झपट लिपट

त: ख़त लत मत ग़लत चपत चाहत हसरत आदत

हिम्मत नफ़रत आफ़त

न: तन मन बन ठन चमन लगन नमन सजन

किरन हिरन सावन बचपन साजन दामन

आन: आन बान शान मान कान ध्यान उड़ान

किसान गुमान ज़ुबान आसान नादान

भगवान इंसान शैतान अहसान

आब: ख़्वाब किताब गुलाब ख़राब शराब नवाब

हिसाब लाजवाब कामयाब बेहिसाब

म: हम कम ग़म नम तम थम दम क़सम सनम

कलम भरम क़दम मौसम मरहम दुर्गम नीलम

बालम

आम: आम काम जाम नाम थाम दाम राम शाम

लगाम तमाम विराम आराम पैग़ाम नीलाम

नाकाम अंजाम गुमनाम

र: घर डर कर पर भर मर असर अगर मगर बिखर

उतर संवर डगर इधर उधर अक्सर ठोकर

टक्कर समुन्दर बराबर

आर: आर पार चार भार मार यार प्यार पतवार

अख़बार मझदार

ल: कल चल छल हल फल जल ढल अटल मचल

सफल सरल जंगल कम्बल घायल मलमल

आँचल बादल काजल कोमल ओझल

व: नाव चाव बहाव बनाव अलाव पड़ाव घाव

स: आस पास घास ख़ास प्यास लिबास उदास

गिलास उल्लास उपहास विश्वास अहसास

ग़ज़ल के बारे में और अधिक जानकारी गूगल पर भी सर्च की जा सकती है!! किंतु मेरा विचार है कि ग़ज़ल लिखने के लिए इतनी जानकारी काफी है!!

1

Agar dil me'n sabhi ke vaaste sammaan ho jaaye
Mera daava hai phir khushhaal har insaan ho jaaye

Zara ab khidkiyaa'n to band zehno'n ki
hamee'n khole'n
Hawa ke saath me'n kuchh dhoop bhi mehmaan
ho jaaye

Nikalna hai andhero'n ke samundar se mujhe ab to
Ki ab to roshni se meri kuchh pehchaan ho jaaye

Maza phir kya safar me'n aayega mera
yaqee'n maano
Na ho mushkil kahi'n manzil agar aasaan ho jaaye

Bacha lo betiyo'n ko aur paani ko bacha lo tum
Kahi'n aisa na ho duniya kabhi veeraan ho jaaye

1

अगर दिल में सभी के वास्ते सम्मान हो जाए
मेरा दावा है फिर ख़ुशहाल हर इंसान हो जाए

ज़रा अब खिड़कियाँ तो बंद ज़हनों की हमीं खोलें
हवा के साथ में कुछ धूप भी मेहमान हो जाए

निकलना है अँधेरों के समुन्दर से मुझे अब तो
कि अब तो रौशनी से कुछ मेरी पहचान हो जाए

मज़ा फिर क्या सफ़र में आएगा मेरा य.कीं मानो
न हो मुश्किल कहीं मन्ज़िल अगर आसान हो जाए

बचा लो बेटियों को और पानी को बचा लो तुम
कहीं ऐसा न हो दुनिया कभी वीरान हो जाए

2

Agar mausam suhaana chaahiye tha
Kisi se dil lagaana chaahiye tha

Agar hai meri hasti ik nadi si
Samundar me'n samaana chaahiye tha

Hui gumsum hawa khaamosh patte
Tumhe'n kuchh gungunaana chaahiye tha

Thaki ab bhi nhi'n ey zindagi mai'n
Zara aur aazmaana chaahiye tha

Bahaa kar ashk haasil kya hua hai
Ghamo'n me'n khilkhilaana chaahiye tha

Bayaa'n tha jo nigaaho'n se teri wo
Zuba'n se bhi bataana chaahiye tha

Nazar uski nazar se kyo'n hataati
Mujhe bhi aashiyaana chaahiye tha

2

अगर मौसम सुहाना चाहिए था
किसी से दिल लगाना चाहिए था

अगर है मेरी हस्ती इक नदी सी
समुन्दर में समाना चाहिए था

हुई गुमसुम हवा ख़ामोश पत्ते
तुम्हें कुछ गुनगुनाना चाहिए था

थकी अब भी नहीं ऐ ज़िन्दगी मैं
ज़रा और आज़माना चाहिए था

बहा कर अश्क हासिल क्या हुआ है
ग़मों में खिलखिलाना चाहिए था

बयाँ था जो निगाहों से तेरी वो
ज़ुबाँ से भी बताना चाहिए था

नज़र उसकी नज़र से क्यों हटाती
मुझे भी आशियाना चाहिए था

3

Ankahi meri jo kahaani hai
Yaad tumko wo munh zubaani hai

Baat meri tabhi to maani hai
Pahle baareekiyo'n se chhaani hai

Itni bechain machhliyaa'n kyo'n hai'n
Unke chaaro'n taraf to paani hai

Jaa chuka wo na jaane kya kah kar
Laash apni mujhe uthaani hai

Khushbuo'n se bachenge ham kaise
Jab khayaalo'n me'n raat raani hai

Khud ko faulaad kar hi lo ab to
Ek tasveer jo jalaani hai

3

अनकही जो मेरी कहानी है
याद तुमको वो मुँह ज़ुबानी है

बात मेरी तभी तो मानी है
पहले बारीकियों से छानी है

इतनी बेचैन मछलियाँ क्यों हैं
उनके चारों तरफ़ तो पानी है

जा चुका वो न जाने क्या कह कर
लाश अपनी मुझे उठानी है

ख़ुशबुओं से बचेंगे हम कैसे
जब ख़यालों में रातरानी है

ख़ुद को फ़ौलाद कर ही लो अब तो
एक तस्वीर जो जलानी है

Hai kisi ke liye ye moti magar
Boond ye sirf khaara paani hai

Raaste me'n khadi hai duniya jo
Ye bhi deewaar to giraani hai

है किसी के लिए ये मोती मगर
बूँद ये सिर्फ़ खारा पानी है

रास्ते में खड़ी है दुनिया जो
ये भी दीवार तो गिरानी है

4

Apni manzil bhi raaste bhi hum

Jaane kyu'n hai'n ruke ruke bhi hum

Raushni ko hami'n tarasate rahe

Chaahe har raah per jale bhi hum

Pattharo'n jaise hi thame bhi rahe

Aur nadi ki tarah bahe bhi hum

Ahm lafz hum hi the kitaabo'n ke

Aur gazab ye ki phir mite bhi hum

Hum sunaayi to dete the sabko

Kaash vaadi me'n goonjte bhi hum

4

अपनी मंज़िल भी रास्ते भी हम
जाने क्यों हैं रुके रुके भी हम

रोशनी को हमीं तरसते रहे
चाहे हर राह पर जले भी हम

पत्थरों जैसे ही थमे भी रहे
और नदी की तरह बहे भी हम

अहम लफ़्ज़ हम ही थे किताबों के
और ग़ज़ब ये कि फिर मिटे भी हम

हम सुनाई तो देते थे सबको
काश वादी में गूँजते भी हम

5

Ab badha paanv sochna kya hai
Hausla ho to raasta kya hai

Jab se dekhi hai ik jhalak uski
Mujhko tab se hi ye hua kya hai

Ey khushi rahti hai kaha'n par tu
Kis se poochhoo'n tera pata kya hai

Tum sitam dhaate ho hamesha kyo'n
Ye bataao meri khata kya hai

Teri aankhe'n hi bol deti hai'n
Raaz ab kya hai ankaha kya hai

Door rah kar n aankh nam karna
Dil ho jab paas faasla kya hai

5

अब बढ़ा पाँव सोचना क्या है
हौसला हो तो रास्ता क्या है

जब से देखी है इक झलक उसकी
मुझको तब से ही ये हुआ क्या है

ऐ ख़ुशी रहती है कहाँ पर तू
किससे पूछूँ तेरा पता क्या है

तुम सितम ढाते हो हमेशा क्यों
ये बताओ मेरी ख़ता क्या है

तेरी आँखें ही बोल देती हैं
राज़ अब क्या है अनकहा क्या है

दूर रहकर न आँख नम करना
दिल हो जब पास फ़ासला क्या है

6

Aayengi bahaare'n bhi khilta ye chaman hoga

Tan man me'n khayaalo'n me'n baato'n me'n
sajan hoga

Is dil ke falak par tum taare hi se chamkoge

Jab lambi si raato'n me'n andhera gahan hoga

Mai'n band hu'n pinjre me'n aur sochti hu'n aise

Qadmo'n me'n mere jaane kab neelgagan hoga

Dil jhoom bhi utthega bheegenge nayan uske

Aakash se dharti ka jis pal bhi milan hoga

Daaman pe falak ke jab chamkenge sitaare sab

Gham chaand se doori ka tab kaise sahan hoga

6

आएँगी बहारें भी खिलता ये चमन होगा
तन मन में ख़यालों में बातों में सजन होगा

इस दिल के फ़लक पर तुम तारे ही से चमकोगे
जब लम्बी सी रातों में अँधेरा गहन होगा

मैं बन्द हूँ पिंजरे में और सोचती हूँ ऐसे
क़दमों में मेरे जाने कब नीलगगन होगा

दिल झूम भी उड़ेगा भीगेंगे नयन उसके
आकाश से धरती का जिस पल भी मिलन होगा

दामन पे फ़लक के जब चमकेंगे सितारे सब
ग़म चाँद से दूरी का तब कैसे सहन होगा

7

Aag ko jab seene me'n apne chhupa kar rakh liya
Humne phir palko'n pe aansoo ik bacha kar
rakh liya

Jab andhera mere bhi kamre me'n phaila tha bahut
Apne hisse ka to sooraj maine la kar rakh liya

Kuchh ziada hi chamak thi raushni me'n uski to
Isliye hi us deeye ko bas bujha kar rakh liya

Ek murjhaaya hua bhi phool khil uttha tabhi
Jab usey guldaan me'n maine saja kar rakh liya

Qad mera chhota hai to ye bhi kiya mere liye
Mujhko apne sar pe hi usne bitha kar rakh liya

Ek patthar me'n mujhe bhagwaan dikhne lag gaye
Raaste se jeb me'n usko utha kar rakh liya

7

आग को जब सीने में अपने छुपाकर रख लिया
हमने फिर पलकों पे आँसू इक बचाकर रख लिया

जब अँधेरा मेरे भी कमरे में फैला था बहुत
अपने हिस्से का तो सूरज मैंने लाकर रख लिया

कुछ ज़्यादा ही चमक थी रौशनी में उसकी तो
इसलिये ही उस दीये को बस बुझाकर रख लिया

एक मुरझाया हुआ भी फूल खिल उट्ठा तभी
जब उसे गुलदान में मैंने सजा कर रख लिया

क़द मेरा छोटा है तो ये भी किया मेरे लिए
मुझको अपने सर पे ही उसने बिठा कर रख लिया

एक पत्थर में मुझे भगवान दिखने लग गये
रास्ते से जेब में उसको उठा कर रख लिया

8

Aaj tohfa pyaase honto'n ko dubaara mil gaya
Meri aankho'n kaa mujhe ik ashk khaara mil gaya

Aasma'n ko dekhkar mai'n sochti thi chaand ko
Saazishe'n kisne rachi'n toota sitaara mil gaya

Chhorhkar ungli jaha'n ki chal padi peechhe tere
Jaane aankho'n aankho'n me'n kaisa ishaara
mil gaya

Ranjogham baithe hai'n thaame hath mera der se
Ab kaha'n tanha hu'n mai'n inka sahaara mil gaya

Lahre'n, toofaa'n , kashtiyaa'n sab dost kitne the
vahaa'n
Kaun hai is paar mujhko kyo'n kinaara mil gaya

De raha lakho'n duaaye'n wo bhikhaari sardi me'n
Bheekh me'n usko dushaala jo utaara mil gaya

8

आज तोहफ़ा प्यासे होंटों को दुबारा मिल गया
मेरी आँखों का मुझे इक अश्क खारा मिल गया

आसमाँ को देखकर मैं सोचती थी चाँद को
साज़िशें किसने रचीं टूटा सितारा मिल गया

छोड़कर उँगली जहाँ की चल पड़ी पीछे तेरे
जाने आँखों आँखों में कैसा इशारा मिल गया

रंजोग़म बैठे हैं थामे हाथ मेरा देर से
अब कहाँ तनहा हूँ मैं इनका सहारा मिल गया

लहरें, तूफ़ाँ, कश्तियाँ सब दोस्त कितने थे यहाँ
कौन है उस पार मुझको क्यों किनारा मिल गया

दे रहा लाखों दुआएँ वो भिखारी सर्दी में
भीख में उसको दुशाला जो उतारा मिल गया

9

Aadatan mere lab nahi'n hanste

Zakhmo'n ko dekho kab nahi'n hanste

Gudgudaati hu'n tab gulo'n ko mai'n

Wo bhi patjhad me'n jab nahi'n hanste

Sath mere sitaare hanste the

Dekhti hu'n wo ab nahi'n hanste

Log hanste hai'n jab mai'n roti hu'n

Jab mai'n hansti hu'n tab nahi'n hanste

Wo bhi karte nahi'n ishaare aur

Dekh kar hum bhi chhab nahi'n hanste

Apni barbaadiyo'n pe hanste hai'n

Hum kabhi be sabab nahi'n hanste

9

आदतन मेरे लब नहीं हँसते
ज़ख़्मों को देखो कब नहीं हँसते

गुदगुदाती हूँ तब गुलों को मैं
वो भी पतझड़ में जब नहीं हँसते

साथ मेरे सितारे हँसते थे
देखती हूँ वो अब नहीं हँसते

लोग हँसते हैं जब मैं रोती हूँ
जब मैं हँसती हूँ तब नहीं हँसते

वो भी करते नहीं इशारे और
देख कर हम भी छब नहीं हँसते

अपनी बर्बादियों पे हँसते हैं
हम कभी बेसबब नहीं हँसते

10

Insaa'n poori umr safar me'n rahta hai
Uljhaa saa wo ek bhanwar me'n rahta hai

Maana tera zikr khabar me'n rahta hai
Lekin mera naam jigar me'n rahta hai

Kyo'n dhoondhoo'n mai'n chaand sitaare aur deepak
Ek chamakta chehra ghar me'n rahta hai

Rakhti hu'n dil me'n usko jo pyar kare
Saazish karne waala sar me'n rahta hai

Hai baarood hawa me'n phaila chaaro'n or
Ab to dar har gaanv shahar me'n rahta hai

10

इंसां पूरी उम्र सफ़र में रहता है
उलझा सा वो एक भँवर में रहता है

माना तेरा ज़िक्र ख़बर में रहता है
लेकिन मेरा नाम जिगर में रहता है

क्यों ढूँढूँ मैं चाँद सितारे और दीपक
एक चमकता चेहरा घर में रहता है

रखती हूँ दिल में उसको जो प्यार करे
साज़िश करने वाला सर में रहता है

है बारूद हवा में फैला चारों ओर
अब तो डर हर गाँव शहर में रहता है

11

Ik zaruri kaam karna reh gaya

Apne andar se guzarna reh gaya

Ho chuki hu'n yu'n to zarra zarra mai'n

Bas hawaao'n me'n bikharna reh gaya

Lamha lamha mar rahi hu'n raat din

Haa'n magar rasman to marna reh gaya

Waqt guzra haule haule hi magar

Zakhm dil ka phir bhi bharna reh gaya

Maut dulhe si khadi hai dwaar par

Mera dulhan sa sanwarna reh gaya

11

इक ज़रूरी काम करना रह गया
अपने अंदर से गुज़रना रह गया

हो चुकी हूँ यूँ तो ज़र्रा ज़र्रा मैं
बस हवाओं में बिखरना रह गया

लम्हा लम्हा मर रही हूँ रात दिन
हाँ मगर रस्मन तो मरना रह गया

वक़्त गुज़रा हौले हौले ही मगर
ज़ख़्म का क्यूँ फिर भी भरना रह गया

मौत दूल्हे सी खड़ी है द्वार पर
मेरा दुल्हन सा संवरना रह गया

12

Idhar raat me'n gham ke maare hai'n bechain
Udhar dekhiye chaand taare hai'n bechain

Bhanwar me'n bhi mujhko sukoo'n mil raha hai
Magar kya hua jo kinaare hai'n bechain

Chaman phool khushbu hawaaye'n ye nadiyaa'n
Mujhe lag raha hai ye saare hai'n bechain

Mere dil ko maana nahi'n chain lekin
Inhe'n kya hua kyo'n nazaare hai'n bechain

Chhalaa hai sahaaro'n ne hi umr bhar to
Mai'n hairaan hu'n ab sahaare hai'n bechain

Mai'n lamhe me'n hi jee gayi zindagi ko
Tabhi to samay ke ye dhaare hai'n bechain

12

इधर रात में ग़म के मारे हैं बेचैन
उधर देखिए चाँद तारे हैं बेचैन

भँवर में भी मुझको सुकूँ मिल रहा है
मगर क्या हुआ जो किनारे हैं बेचैन

चमन फूल ख़ुशबू हवाएँ ये नदियाँ
मुझे लग रहा है ये सारे हैं बेचैन

मेरे दिल को माना नहीं चैन लेकिन
इन्हें क्या हुआ क्यों नज़ारे हैं बेचैन

छला है सहारों ने ही उम्र भर तो
मैं हैरान हूँ अब सहारे हैं बेचैन

मैं लम्हे में ही जी गयी ज़िन्दगी को
तभी तो समय के ये धारे हैं बेचैन

13

Is jaha'n me'n vafa dhoondhe hai
Baavra dil ye kya dhoondhe hai

Rishto'n ki is bhulaiyya me'n gum
Wo koi raasta dhoondhe hai

Mai'n gira toot kar daali se
Bas tabhi se hawa dhoondhe hai

Bachcho'n ko rota wo chhorh kar
Jangalo'n me'n ye kya dhoondhe hai

Chhorh do aansuo jaane do
Ab mujhe qahqaha dhoondhe hai

13

इस जहाँ में वफ़ा ढूँढे है
बावरा दिल ये क्या ढूँढे है

रिश्तों की इस भुलैया में गुम
वो कोई रास्ता ढूँढे है

मैं गिरा टूट कर डाली से
बस तभी से हवा ढूँढे है

बच्चों को रोता वो छोड़कर
जंगलों में ये क्या ढूँढे है

छोड़ दो आँसुओ जाने दो
अब मुझे क़हक़हा ढूँढे है

14

Is zindagi ka bojh uthaana pada mujhe
Pichhle janam ka karz chukaana pada mujhe

Tukdo'n ko apne jod liya apne aap hi
Khud se kiya tha vaada nibhaana pada mujhe

Aage ke raaste pe andhere pasar gaye
Bas isliye hi khud ko jalaana pada mujhe

Auro'n ke naam likh diya jeewan ko maine aur
Apna hi naam uss se mitaana pada mujhe

Barbaadio'n pe apni to mai'n ro nahi'n saki
Majboori me'n thahaaka lagaana pada mujhe

14

इस ज़िन्दगी का बोझ उठाना पड़ा मुझे
पिछले जनम का कर्ज़ चुकाना पड़ा मुझे

टुकड़ों को अपने जोड़ लिया अपने आप ही
ख़ुद से किया था वादा निभाना पड़ा मुझे

आगे के रास्ते पे अँधेरे पसर गये
बस इसलिए ही ख़ुद को जलाना पड़ा मुझे

औरों के नाम लिख दिया जीवन को मैंने और
अपना ही नाम उससे मिटाना पड़ा मुझे

बर्बादियों पे अपनी तो मैं रो नहीं सकी
मजबूरी में ठहाका लगाना पड़ा मुझे

15

Ek achchha hai to ik shakhs bura hai mujh me'n
Kaun sa chhorh gaya kaun bacha hai mujh me'n

Zulm hoga to baghawat ki lehr uthegi
Kya naya hai ki jo toofan utha hai mujh me'n

Hans raha hai koi chehre se mere aur vahi'n
Jaane wo kaun hai jo sabse khafa hai mujh me'n

Apne zakhmo'n ko mai'n khud bharne ki koshish me'n hu'n
Maanti hu'n mere zakhmo'n dawa hai mujh me'n

Mere saaye se bhi wo bach ke chala jata hai
Rooh ban kar jo abhi tak to raha hai mujh me'n

15

एक अच्छा है तो इक शख़्स बुरा है मुझमें
कौनसा छोड़ गया कौन बचा है मुझमें

ज़ुल्म होगा तो बग़ावत की लहर उठेगी
क्या नया है कि जो तूफ़ान उठा है मुझमें

हँस रहा है कोई चेहरे से मेरे और वहीं
जाने वो कौन है जो सब से ख़फ़ा है मुझमें

अपने ज़ख़्मों को मैं ख़ुद भरने की कोशिश में हूँ
मानती हूँ मेरे ज़ख़्मों की दवा है मुझमें

मेरे साये से भी वो बच के चला जाता है
रूह बन कर जो अभी तक तो रहा है मुझमें

16

E waqt kaise hum tere jhaanse me'n aa gaye

Hum janglo'n ke ped jo gamle me'n aa gaye

Pehle tamaam gham mere hisse me'n aa gaye

Phir rafta rafta mere hi lahje me'n aa gaye

Ye pyaar vyaar ek jhamela hai dosto

Kyo'n keh de'n hum bhi aise jhamele me'n aa gaye

Khud ko hata hata ke pareshan hai'n magar

Hum phir se aaj apne hi raste me'n aa gaye

Manzar jinhe'n bhulaane ki koshish to ki bahut

Aankhe'n khuli hai'n phir bhi wey sapne
me'n aa gaye

Andar ka shor aur hame'n kaatne laga

Ghabra ke jab akele me'n kamre me'n aa gaye

Gharo'nki chhorhiye ye to apno'n ki baat hai

Hum inke hi ravaiyye se saqte me'n aa gaye

16

ऐ वक़्त कैसे हम तेरे झाँसे में आ गये
हम जंगलों के पेड़ जो गमले में आ गये

पहले तमाम ग़म मेरे हिस्से में आ गये
फिर रफ़्ता रफ़्ता मेरे ही लहजे में आ गये

ये प्यार व्यार एक झमेला है दोस्तो
क्यों कह दें हम भी ऐसे झमेले में आ गये

ख़ुद को हटा हटा के परेशान हैं मगर
हम फिर से आज अपने ही रस्ते में आ गये

मंज़र जिन्हें भुलाने की कोशिश तो की बहुत
आँखें खुली हैं फिर भी वे सपने में आ गये

अंदर का शोर और हमें काटने लगा
घबरा के जब अकेले में कमरे में आ गये

ग़ैरों की छोड़िए ये तो अपनों की बात है
हम इनके ही रवैय्ये से सकते में आ गये

17

Kaam chalta nahi'n ishaaro'n se
Baat hi kar lu'n ab sitaaro'n se

Uth raha hai yaqeen saaro'n se
Har dilaase se sab sahaaro'n se

Chhorhkar gar ye patjhad to
Koi rishta bane bahaaro'n se

Koi darwaaze se nahi'n aata
Jhaankte hai'n sabhi daraaro'n se

Kashtiya'n lahro'n ki hui hai'n yu'n
Laut aati hai'n we kinaaro'n se

17

काम चलता नहीं इशारों से
बात ही कर लूँ अब सितारों से

उठ रहा है यक़ीन सारों से
हर दिलासे से सब सहारों से

छोड़कर जाए गर ये पतझड़ तो
कोई रिश्ता बने बहारों से

कोई दरवाज़े से नहीं आता
झाँकते हैं सभी दरारों से

कश्तियाँ लहरों की हुई हैं यूँ
लौट आती हैं वे किनारों से

18

Kis safar se guzar rahi hu'n mai'n
Man me'n haalaanki dar rahi hu'n mai'n

Toot kar bhi kahi'n bachi to thi
Jaane kyo'n ab bikhar rahi hu'n mai'n

Aasmaano'n ki khwaahishe'n na rahee'n
Pankh apne katar rahi hu'n mai'n

Gham ko hi aayina bana baithi
Dheere dheere sanwar rahi hu'n mai'n

Mujh me'n khaamoshi ka jo dariya hai
Ab usi me'n utar rahi hu'n mai'n

18

किस सफ़र से गुज़र रही हूँ मैं
मन में हालाँकि डर रही हूँ

टूट कर भी कहीं बची तो थी
जाने क्यों अब बिखर रही हूँ मैं

आसमानों की ख़्वाहिशें न रहीं
पँख अपने कतर रही हूँ मैं

ग़म को ही आईना बना बैठी
धीरे धीरे सँवर रही हूँ मैं

मुझमें ख़ामोशी का जो दरिया है
अब उसी में उतर रही हूँ मैं

19

Kuchh aise apna khayaal rakhiye
Hamaari yaade'n sambhaal rakhiye

Naseeb me'n tha vahi hua hai
Na man me'n apne malaal rakhiye

Zara si baato'n pe roothna kya
Ki apne man ko vishaal rakhiye

Musaafiro'n ka thikaana kya hai
Yu'n mutthi ab na gaal rakhiye

Hai kaanch ki cheez dil hamaara
Ki dhyaan se dekhbhaal rakhiye

19

कुछ ऐसे अपना ख़याल रखिए
हमारी यादें सँभाल रखिए

नसीब में था वही हुआ है
न मन में अपने मलाल रखिए

ज़रा सी बातों पे रूठना क्या
कि अपने मन को विशाल रखिए

मुसाफ़िरों का ठिकाना क्या है
यूँ मुट्ठी पर अब न गाल रखिए

है काँच की चीज़ दिल हमारा
कि ध्यान से देखभाल रखिए

20

Kaun kahta hai tum ajnabi ho

Zindagi tum to kab se meri ho

Koi aisa sama'n bhi kabhi ho

Aap ho'n mai'n hu'n aur chandni ho

Uski tasveer aankho'n me'n bhar lu'n

Taki inme'n na koi nami ho

Pyar par jitni bhi ho'n kitabe'n

Dasta'n bas hamaari likhi ho

Raat ke aansoo hi tum samajhna

Gul pe chadar agar shabnami ho

Jisko khwabo'n me'n mai'n dhoondhti thi

Hu ba hu tum vahi ho vahi ho

20

कौन कहता है तुम अजनबी हो
ज़िन्दगी तुम तो कब से मेरी हो

कोई ऐसा समाँ भी कभी हो
आप हों मैं हूँ और चाँदनी हो

उसकी तस्वीर आँखों में भर लूँ
ताकि इनमें न कोई नमी हो

प्यार पर जितनी भी हों किताबें
दास्ताँ बस हमारी लिखी हो

रात के आँसू ही तुम समझना
गुल पे चादर अगर शबनमी हो

जिसको ख़्वाबों में मैं ढूँढती थी
हू ब हू तुम वही हो वही हो

21

Kya se kya waqai ho gaye
Khud se ham ajnabi ho gaye

Dukh se ham door rahte bhi kya
Aur bhi phir dukhi ho gaye

Ko na chaha kabhi hone ka
Jane kyo'n ham vahi ho gaye

Tumko sooraj samjhte hai'n to
Ham bhi soorajmukhi ho gaye

Ek khushbu khayalo'n me'n hai
Kya tumhi'n sandali jo gaye

Jab andhero'n ne ghera hame'n
Ham hi khud roshni ho gaye

21

क्या से क्या वाक़ई हो गये
ख़ुद से हम अजनबी हो गये

दुख से हम दूर रहते भी क्या
और भी फिर दुखी हो गये

जो न चाहा कभी होने का
जाने क्यों हम वही हो गये

तुमको सूरज समझते हैं तो
हम भी सूरजमुखी हो गये

एक ख़ुशबू ख़यालों में है
क्या तुम्हीं संदली हो गये

जब अँधेरों ने घेरा हमें
हम ही ख़ुद रोशनी हो गये

22

Kyo'n ghalatfahmi hai mai'n aasaan hu'n

Jaan leeje tez ik toofaan hu'n

Bewakoofi ne diye hai'n gham bahut

Isliye to ab kaha'n naadaan hu'n

Rakh ke khud ko ghar me'n bhooli hu'n kahi'n

Jaise koi qeemti saamaan hu'n

Saaya mujh me'n koi mandraataa hai kyu'n

Mai'n khandhar si vaise to veeraan hu'n

Kya bataau'n apne baare me'n tumhe'n

Jab ki apne aap se anjaan hu'n

22

क्यों ग़लतफ़हमी है मैं आसान हूँ
जान लीजे तेज़ इक तूफ़ान हूँ

बेवक़ूफ़ी ने दिये हैं ग़म बहुत
इसलिए तो अब कहाँ नादान हूँ

रख के ख़ुद को घर में भूली हूँ कहीं
जैसे कोई क़ीमती सामान हूँ

साया मुझमें कोई मंडराता है क्यूँ
मैं खँडहर सी वैसे तो वीरान हूँ

क्या बताऊँ अपने बारे में तुम्हें
जब कि अपने आप से अंजान हूँ

23

Khata karu'n to na chhorhe'n mujhe saza ke baghair
Magar saza bhi na dena kabhi khata ke baghair

Deeye ki dushmani to hai hawaao'n se beshak
Ye jal bhi to nahi'n sakta magar hawa ke baghair

Ilaaj mere har ik rog kaa hansi hi hai
Mujhe maseeha ne rakkha isi dawa ke baghair

Hami'n nibhaaye gaye zindagi se ab tak bhi
Chali hai ye to hamesha magar vafa ke baghair

Kuchh is tarah se hai dil me'n mere ye khaalipan
Ki jaise ho koi mandir hi devta ke baghair

23

ख़ता करूँ तो न छोड़ें मुझे सज़ा के बग़ैर
मगर सज़ा भी न देना कभी ख़ता के बग़ैर

दीये की दुश्मनी तो है हवाओं से बेशक
ये जल भी तो नहीं सकता मगर हवा के बग़ैर

इलाज मेरे हर इक रोग का हँसी ही है
मुझे मसीहा ने रक्खा इसी दवा के बग़ैर

हमीं निभाये गये ज़िन्दगी से अब तक भी
चली है ये तो हमेशा मगर वफ़ा के बग़ैर

कुछ इस तरह से है दिल में मेरे ये ख़ालीपन
कि जैसे हो कोई मंदिर ही देवता के बग़ैर

24

Khud hi apne hauslo'n ka silsila hote huye
Dekhiyega sab ghamo'n ko bhi hawa hote huye

Kar hi lo mutthi me'n manzil is tarah se dosto
Tez toofaano'n se ladte raasta hote huye

Zindagi bhar to hame'n behna hai dariya ki tarah
Haa'n magar jaana bhi hai phir bulbula hote huye

Ho safar mushkil bahut kaante bichhe ho'n raah me'n
Paar kar lena magar tum qaafila hote huye

Zindagi ke zehar ko peene ki aadat daal lo
Ye tabhi guzrega tum me'n se dawa hote huye

24

ख़ुद ही अपने हौसलों का सिलसिला होते हुए
देखिएगा सब ग़मों को भी हवा होते हुए

कर ही लो मुट्ठी में मंज़िल इस तरह से दोस्तो
तेज़ तूफ़ानों से लड़ते रास्ता होते हुए

ज़िन्दगी भर तो हमें बहना है दरिया की तरह
हाँ मगर जाना भी है फिर बुलबुला होते हुए

हो सफ़र मुश्किल बहुत काँटे बिछे हों राह में
पार कर लेना मगर तुम क़ाफ़िला होते हुए

ज़िन्दगी के ज़हर को पीने की आदत डाल लो
ये तभी गुज़रेगा तुममें से दवा होते हुए

25

Khush khush nahi'n ye lagte hai'n pyare thake thake

Ye aasma'n pe jitne hai'n taare thake thake

Ye hi nahi'n faqat the kinare thake thake

Kuchh hausle bhi to the hamare thake thake

Aisa nahi'n udaas hu'n mai'n hi thaki thaki

Dekho na raah me'n hai'n ye saare thake thake

Ummeed khwaab rishto'n pe daaromdaar tha

Lagte hai'n aaj ye hi sahare thake thake

Armaa'n jo daudte hue thakte nahi'n the wo

Lete hai'n paanv ko wo pasare thake thake

25

ख़ुश ख़ुश नहीं ये लगते हैं प्यारे थके थके
ये आसमाँ पे जितने हैं तारे थके थके

ये ही नहीं फ़क़त थे किनारे थके थके
कुछ हौसले भी तो थे हमारे थके थके

ऐसा नहीं उदास हूँ मैं ही थकी थकी
देखो न राह में है ये सारे थके थके

उम्मीद ख़्वाब रिश्तों पे दारोमदार था
लगते हैं आज ये ही सहारे थके थके

अरमाँ जो दौड़ते हुए थकते नहीं थे वो
लेटे हैं पाँव को वो पसारे थके थके

26

Khushnuma subah kabhi shaam suhani bankar
Wo mahakta hai kabhi raat ki raani bankar

Jheel sa ban ke kabhi ruk bhi gaya aur kabhi
Wo khayalo'n me'n baha bhi hai rawani ban kar

Mai'n hi udti hu'n hawao'n me'n dhua'n ban ke aur
Mai'n hi tapti zamee'n pe barsi hu'n paani ban kar

Mai'n hi taza se khayalo'n ki tarah ubhari hu'n
Mai'n hi yaad ayi kabhi may bhi purani ban kar

Meri pehchan bhi ab meri nahi'n lagti mujhe
Wo mere chehre pe qayam hai nishani ban kar

Wo kaha'n chhorh gya ab bhi hai maujood vahi
Aankh me'n khwab labo'n par hai kahani ban kar

26

ख़ुशनुमा सुबह कभी शाम सुहानी बनकर

वो महकता है कभी रात की रानी बनकर

झील सा बनके कभी रुक भी गया और कभी

वो ख़यालों में बहा भी है रवानी बनकर

मैं ही उड़ती हूँ हवाओं में धुआँ बनके और

मैं ही तपती ज़मीं पे बरसी हूँ पानी बनकर

मैं ही ताज़ा से ख़यालों की तरह उभरी हूँ

मैं ही याद आयी कभी मय भी पुरानी बनकर

मेरी पहचान भी अब मेरी नहीं लगती मुझे

वो मेरे चेहरे पे क़ायम है निशानी बनकर

वो कहाँ छोड़ गया अब भी है मौजूद वही

आँख में ख़्वाब लबों पर है कहानी बनकर

27

Khushbu hai gumaa'n hai koi jhonka hai ki tum ho
Har waqt jo hai sath wo saaya hai ki tum ho

Alfaaz me'n aur panno'n pe ubhre hai'n jo naqshe
Hasrat koi hai ya wo tamanna hai ki tum ho

Halchal si ye kya hone lagi maajra kya hai
Ummeed sa kuchh dil me'n machalta hai ki tum ho

Raahe'n sabhi muska rahi'n hanste hai'n sabhi ped
Khushrang faza ka koi naghma hai ki tum ho

Khwaabo'n ke falak par badhi ye raushni hai kyu'n
Sooraj hai ya chanda hai ya taara hai ki tum ho

27

ख़ुशबू है गुमाँ है कोई झोंका है कि तुम हो
हर वक़्त जो है साथ वो साया है कि तुम हो

अल्फ़ाज़ में और पन्नों पे उभरे हैं जो नक़्शे
हसरत कोई है या वो तमन्ना है कि तुम हो

हलचल सी ये क्या होने लगी माजरा क्या है
उम्मीद सा कुछ दिल में मचलता है कि तुम हो

राहें सभी मुस्का रहीं हँसते हैं सभी पेड़
ख़ुशरंग फ़ज़ा का कोई नग़मा है कि तुम हो

ख़्वाबों के फ़लक पर बढ़ी ये रौशनी है क्यूँ
सूरज है या चंदा है या तारा है कि तुम हो

28

Khwaab aankho'n me'n palne laga hai
Jaise sooraj nikalne laga hai

Hai'n bahaare'n hi ab vaadio'n me'n
Aise mausam badalne laga hai

Aasma'n dil ka rangee'n hai kaise
Kaun rang ispe malne laga hai

Man me'n sooraj ugaana hai baaqi
Ek deeya to jalne laga hai

Aa bhi jaao kaha'n chhup gaye ho
Ab to din phir se dhalne laga hai

28

ख़्वाब आँखों में पलने लगा है
जैसे सूरज निकलने लगा है

हैं बहारें ही अब वादियों में
ऐसे मौसम बदलने लगा है

आसमाँ दिल का रंगीं है कैसे
कौन रंग इसपे मलने लगा है

मन में सूरज उगाना है बाक़ी
एक दीया तो जलने लगा है

आ भी जाओ कहाँ छुप गये हो
अब तो दिन फिर से ढलने लगा है

29

Khwahisho'n ki nishsani hai baqi

Ye jo aankho'n me'n paani hai baqi

Dasta'n meri poori hui hai

Bas mujhi ko sunaani hai baqi

Waqt raftar se chal raha hai

Zehn me'n ik kahaani hai baqi

Har nayi shay se kamra saja hai

Ek photo purani hai baqi

Keh rahi hai udasi bhari sham

Shaam koi suhaani hai baqi

Kar diya har tamanna ka to qatl

Lash ik ik uthaani hai baqi

Lamha lamha hi bhaari hai us par

Umr saari bitaani hai baqi

29

ख़्वाहिशों की निशानी है बाक़ी
ये जो आँखों में पानी है बाक़ी

दास्ताँ मेरी पूरी हुई है
बस मुझी को सुनानी है बाक़ी

वक़्त रफ़्तार से चल रहा है
ज़ेहन में इक कहानी है बाक़ी

हर नयी शय से कमरा सजा है
एक फ़ोटो पुरानी है बाक़ी

कह रही है उदासी भरी शाम
शाम कोई सुहानी है बाक़ी

कर दिया हर तमन्ना का तो क़त्ल
लाश इक इक उठानी है बाक़ी

लम्हा लम्हा ही भारी है उस पर
उम्र सारी बितानी है बाक़ी

30

Khwahisho'n ko dil me'n kyo'n maine daba kar
rakh liya
Doosro'n ke vaaste khud ko mita kar rakh liya

Muskurahat ko labo'n par phir saja kar rakh liya
Ek shola seene me'n apne daba kar rakh liya

Apne dil ki aag se khud hi na jal jaau'n kahi'n
Ek aansoo maine palko'n me'n chhupa kar rakh liya

Iss se pehle aansuo'n se aankh bhar jaaye meri
Khwaab ik nanha sa hi is me'n saja kar rakh liya

Aur bhi gehre andhere aayenge aage abhi
Isliye maine andhero'n ko jala kar rakh liya

Ho ke ghamgee'n gham jaha'n me'n phir raha tha
raat din
Maine hans kar usko apne ghar me'n laa kar
rakh liya

30

ख़्वाहिशों को दिल में क्यों मैंने दबा कर रख लिया
दूसरों के वास्ते ख़ुद को मिटा कर रख लिया

मुस्कुराहट को लबों पर फिर सजाकर रख लिया
एक शोला सीने में अपने दबाकर रख लिया

अपने दिल की आग से ख़ुद ही न जल जाऊँ कहीं
एक आँसू मैंने पलकों में छुपाकर रख लिया

इससे पहले आँसुओं से आँख भर जाए मेरी
ख़्वाब इक नन्हा सा ही इसमें सजाकर रख लिया

और भी गहरे अँधेरे आएँगे आगे अभी
इसलिए मैंने अँधेरों को जलाकर रख लिया

होके ग़मगीं ग़म जहाँ में फिर रहा था रात दिन
मैंने हँस कर उसको अपने घर में लाकर रख लिया

31

Ghamo'n ki hado'n se guzarne na denge
Tumhe'n is tarah ham bikharne na denge

Rakhenge inhe'n paal kar apne dil me'n
Ki ham dil ke zakhmo'n ko bharne na denge

Samajh lenge har ankahi bhi tumhari
Ki chup ki nadi me'n utarne na denge

Lipat jaye qadmo'n hi se gar safar to
Ye manzil pe bhi phir thahrne na denge

Chhupa ke hi rakkhenge dukhti rago'n ko
Zara hath unpe wo dharne na denge

Wo zahreele teero'n se kar denge ghayal
Kisi taur par phir bhi marne na denge

Jo hoga ghalat wo kahenge sahi hai
Ki is or to gaur karne na denge

31

ग़मों की हदों से गुज़रने न देंगे
तुम्हें इस तरह हम बिखरने न देंगे

रखेंगे इन्हें पाल कर अपने दिल में
कि हम दिल के ज़ख़्मों को भरने न देंगे

समझ लेंगे हर अनकही भी तुम्हारी
कि चुप की नदी में उतरने न देंगे

लिपट जाएँ क़दमों ही से गर सफ़र तो
ये मंज़िल पे भी फिर ठहरने न देंगे

छुपा के ही रक्खेंगे दुखती रगों को
ज़रा हाथ उनपे वो धरने न देंगे

वो ज़हरीले तीरों से कर देंगे घायल
किसी तौर पर फिर भी मरने न देंगे

जो होगा ग़लत वो कहेंगे सही है
कि इस ओर तो ग़ौर करने न देंगे

32

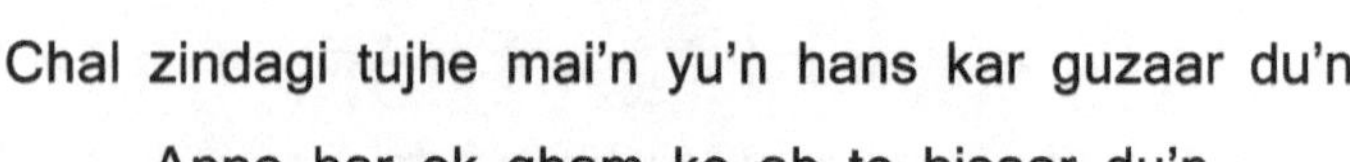

Chal zindagi tujhe mai'n yu'n hans kar guzaar du'n
Apne har ek gham ko ab to bisaar du'n

Doobe rahe ho aankho'n ke dariya me'n aaj tak
Aao e khwaabo aaj tumhe'n bhi ubhaar du'n

Jo gham ka bojh kaandhe pe dhoti rahi hu'n mai'n
Ab sochti hu'n usko yahi'n par utaar du'n

Jinke sawaal seene me'n chubhte hai'n raat din
Unko jawaab mai'n bhi to ab ek baar du'n

Apne vajood ko mai'n kuchh is tarah pyaar du'n
Bikhre palo'n ki zulfo'n ko phir se sanwaar du'n

32

चल ज़िन्दगी तुझे मैं यूँ हँस कर गुज़ार दूँ
अपने हर एक ग़म को मैं अब तो बिसार दूँ

डूबे रहे हो आँखों के दरिया में आज तक
आओ ऐ ख़्वाबो आज तुम्हें भी उभार दूँ

जो ग़म का बोझ काँधे पे ढोती रही हूँ मैं
अब सोचती हूँ उसको यहीं पर उतार दूँ

जिनके सवाल सीने में चुभते हैं रात दिन
उनको जवाब मैं भी तो अब एक बार दूँ

अपने वजूद को मैं कुछ इस तरह प्यार दूँ
बिखरे पलों की ज़ुल्फ़ों को फिर से सँवार दूँ

33

Chaand jab aasma'n pe aata hai

Kitne deewano'n ko rulaata hai

Waqt se poochhti hu'n mai'n aksar

Kyo'n mujhe hi tu aazmaata hai

Ud ke jaana hai ab falak par bhi

Koi taara mujhe bulaata hai

Kaise uski vafa ki ho pahchaan

Pyaar jo har dhadi jataata hai

Tod deta hai kaun khwaab mere

Kaun palko'n pe phir sajaata hai

33

चाँद जब आसमाँ पे आता है
कितने दीवानों को रुलाता है

वक़्त से पूछती हूँ मैं अक्सर
क्यों मुझे ही तू आज़माता है

उड़ के जाना है अब फ़लक पर भी
कोई तारा मुझे बुलाता है

कैसे उसकी वफ़ा की हो पहचान
प्यार जो हर घड़ी जताता है

तोड़ देता है कौन ख़्वाब मेरे
कौन पलकों पे फिर सजाता है

34

Chai ki wo chhoti si pyali pakad kar
Jane kya sunta hai khamoshi pakad kar

Jo chala ab tak meri ungli pakad kar
Aaj baitha hai wo ik galti pakad kar

Mere ghar ka raasta aasa'n bahut hai
Chalte jana ghor veerani pakad kar

Tha machhere ka hunar ya vo thi ghaafil
Ret par chhorhi hai jo machhli pakad kar

Aa gya hai barisho'n ka aisa mausam
Bheegte hai'n dono ik chhatri pakad kar

Rang sapno'n me'n jo bharna chahti hu'n
Karti hu'n koshish koi titli pakad kar

34

चाय की वो छोटी सी प्याली पकड़ कर
जाने क्या सुनता है ख़ामोशी पकड़ कर

जो चला अब तक मेरी उँगली पकड़ कर
आज बैठा है वो इक गल्ती पकड़ कर

मेरे घर का रास्ता आसां बहुत है
चलते जाना घोर वीरानी पकड़ कर

था मछेरे का हुनर या वो थी ग़ाफ़िल
रेत पर छोड़ी है जो मछली पकड़ कर

आ गया है बारिशों का ऐसा मौसम
भीगते हैं दोनों इक छतरी पकड़ कर

रंग सपनों में जो भरना चाहती हूँ
करती हूँ कोशिश कोई तितली पकड़ कर

35

Chuppi ne baato'n me'n badalna seekh liya
Dard ne ab gazlo'n me'n dhalna seekh liya

Sach ki baat pe jab munh phera logo'n ne
Humne bhi baato'n me'n sambhalna seekh liya

Insaano'n ne dukh me'n jeena seekha nahi'n
Gul ne to kaanto'n me'n bahalna seekh liya

Gham ke dariya me'n bhi doobe hai'n barso'n
Humne ab lehro'n pe chalna seekh liya

Meri aankhe'n thehri thehri hai'n ab kyo'n
Manzar ne to jab ki badalna seekh liya

Khwabo'n me'n se kiski aamad hoti hai
Palko'n pe taaro'n ne machalna seekh liya

35

चुप्पी ने बातों में बदलना सीख लिया
दर्द ने अब ग़ज़लों में ढलना सीख लिया

सच की बात पे जब मुँह फेरा लोगों ने
हमने भी बातों में सम्हलना सीख लिया

इंसानों ने दुख में जीना सीखा नहीं
गुल ने तो काँटों में बहलना सीख लिया

ग़म के दरिया में भी डूबे हैं बरसों
हमने अब लहरों पे चलना सीख लिया

मेरी आँखें ठहरी ठहरी हैं अब क्यों
मंज़र ने तो जबकि बदलना सीख लिया

ख़्वाबों में ये किसकी आमद होती है
पलकों पे तारों ने मचलना सीख लिया

36

Jab dil nahi'n to dil ki tamanna bhi chhorh de

Chhorha hai uska dar to wo rasta bhi chhorh de

Gar saazisho'n ke lafz ho'n usme'n basey huye

Wo saaz chhorh de tu wo naghma bhi chhorh de

Mujhko bachaane paani me'n utra nahi'n koi

Uss par ye keh rahe hai'n ki tinka bhi chhorh de

Tujhko suku'n ki neend agar chaahiye to sun

Palko'n pe apni khwaab sajaana bhi chhorh de

Haa'n mujhko tere aansuo'n se pyaar nahi'n hai

Aur aisa kya hua ki tu hansna bhi chhorh de

36

जब दिल नहीं तो दिल की तमन्ना भी छोड़ दे
छोड़ा है उसका दर तो वो रस्ता भी छोड़ दे

गर साज़िशों के लफ़्ज़ हों उसमें बसे हुए
वो साज़ छोड़ दे तू वो नग़मा भी छोड़ दे

मुझको बचाने पानी में उतरा नहीं कोई
उस पर ये कह रहे हैं कि तिनका भी छोड़ दे

तुझको सुकूँ की नींद अगर चाहिए तो सुन
पलकों पे अपनी ख़्वाब सजाना भी छोड़ दे

हाँ मुझको तेरे आँसुओं से प्यार नहीं है
और ऐसा क्या हुआ कि तू हँसना भी छोड़ दे

37

Zamee'n aasma'n chaand chaand taare hai'n gumsum
Kaha'n aa gayi hu'n ki saare hai'n gumsum

Idhar har lahar saare dhaare hai'n gumsum
Sitam ye udhar bhi kinaare hai'n gumsum

Adhar me'n khadi sochti hu'n dari si
Mai'n jaau'n kidhar sab ishaare hai'n gumsum

Khayaalo'n me'n khoye hai'n wo pyaar me'n ya
Hamaari tarah gham ke maare hai'n gumsum

Pukaaro mujhe gham ke is daur me'n to
Andheri hai raat aur sitaare hai'n gumsum

37

ज़मीं आसमाँ चाँद तारे हैं गुमसुम
कहाँ आ गयी हूँ कि सारे हैं गुमसुम

इधर हर लहर सारे धारे हैं गुमसुम
सितम ये उधर भी किनारे हैं गुमसुम

अधर में खड़ी सोचती हूँ डरी सी
मैं जाऊँ किधर सब इशारे हैं गुमसुम

ख़यालों में खोये हैं वो प्यार में या
हमारी तरह ग़म के मारे हैं गुमसुम

पुकारो मुझे ग़म के इस दौर में तो
अँधेरी है रात और सितारे हैं गुमसुम

38

Zamee'n pe baithe baithe hi gaye hai'n aasmaan tak

Isi tarah hi aa gaye hai'n umr ke dhalaan tak

Ajeeb tha ajeeb hai ey zindagi tera safar

Jo imtihaan se shuru hai khatm imtihaan tak

Kuchh is tarah ke waqiye hi pesh aa rahe
hai'n kyo'n

Raha nahi'n kabhi bhi hamko jinka to gumaan tak

Hai justaju na jane kya chale hi jaa rahe hai'n jo

Ruke nahi'n qadam bhale pahunch gaye thakaan tak

Vahi to lafz goonjte hai'n mere har taraf sada

Rahe jo dil me'n har samay na aaye jo zubaan tak

Ye teer ab ke chhoot ke rahega ye yaqeen hai

Bhale hi pahle aa chuka kai dafa kamaan tak

38

ज़मीं पे बैठे - बैठे ही गये हैं आसमान तक
इसी तरह ही आ गये हैं उम्र के ढलान तक

अजीब था अजीब है ऐ ज़िन्दगी तेरा सफ़र
जो इम्तिहान से शुरू है ख़त्म इम्तिहान तक

कुछ इस तरह के वाक़ये ही पेश आ रहे हैं क्यों
रहा नहीं कभी भी हमको जिनका तो गुमान तक

है जुस्तजू न जाने क्या चले ही जा रहे हैं जो
रुके नहीं क़दम भले पहुँच गये थकान तक

वही तो लफ़्ज़ गूँजते हैं मेरे हर तरफ़ सदा
रहे जो दिल में हर समय न आये जो ज़ुबान तक

ये तीर अब के छूट के रहेगा ये यक़ीन है
भले ही पहले आ चुका कई दफ़ा कमान तक

39

Zameen rakh le'n ki rehne de'n aasma'n rakkhe'n
Magar ye sochte hai'n hum inhe'n kaha'n rakkhe'n

Hai farz itna ki sunna to apko hoga
Magar ye haq nahi'n hai aap bhi zubaa'n rakkhe'n

Safar ke kaam ki cheeze'n mai'n tay karungi khud
Ye baar baar na bole'n fala'n fala'n rakkhe'n

Jo mere mann me'n thee'n baate'n tamaam keh
daalee'n
Ab aap per hai yaqee'n rakkhe'n ya gumaa'n
rakkhe'n

Ye zindagi ke panne hai'n kore kore se
Gulaab rakkhe'n vaha'n aur titliyaa'n rakkhe'n

39

ज़मीन रख लें कि रहने दें आसमाँ रक्खें
मगर ये सोचते हैं हम इन्हें कहाँ रक्खें

है फ़र्ज़ इतना कि सुनना तो आपको होगा
मगर ये हक़ नहीं है आप भी ज़ुबाँ रक्खें

सफ़र के काम की चीज़ें मैं तय करूँगी ख़ुद
ये बार बार न बोलें फलाँ फलाँ रक्खें

जो मेरे मन में थीं बातें तमाम कह डालीं
अब आप पर है यकीं रक्खें या गुमाँ रक्खें

ये ज़िन्दगी के जो पन्ने हैं कोरे कोरे से
गुलाब रक्खें वहाँ और तितलियाँ रक्खें

40

Zara bhi soch na payi mai'n bedhyaani me'n
Ki aise mod bhi aayenge zindgaani me'n

Ye koi khwab hi tha ya ye hi haqiqat hi
Ki jal rahi thi jo har machchhli kaise paani me'n

Ye kisne aa ke ise beech me'n hi rok diya
Nadi to beh rahi thi apni hi rawaani me'n

LikhaawaTe'n thee'n wo kaisi samajh nahi'n aayee'n
Mai'n dhoondhti rahi khud ko meri kahaani me'n

Na jeene dete hai'n aur marne bhi nahi'n dete
Liye the faisle jo bhi ghalat jawaani me'n

40

ज़रा भी सोच न पायी मैं बेध्यानी में
कि ऐसे मोड़ भी आएँगे ज़िंदगानी में

ये कोई ख़्वाब ही था या ये थी हक़ीक़त ही
कि जल रही थी जो हर मछली कैसे पानी में

ये किसने आके इसे बीच में ही रोक दिया
नदी तो बह रही थी अपनी ही रवानी में

लिखावटें थीं वो कैसी समझ नहीं आयीं
मैं ढूँढती रही ख़ुद को मेरी कहानी में

न जीने देते हैं और मरने भी नहीं देते
लिये थे फ़ैसले जो भी ग़लत, जवानी में

41

Zara hum pyaar karna seekh to le'n
Ye dariya paar karna seekh to le'n

Tumhe'n ghaayal to kar hi denge hum bas
Nazar se vaar karna seekh to le'n

Abhi aankhe'n jhukaaye hai'n tabhi tak
Ye aankhe'n chaar karna seekh to le'n

Jo dil maasoom hai ab tak hamaara
Ise beemaar karna seekh to le'n

Khuli aankho'n se dekhe hai'n jo sapne
Unhe'n saakaar karna seekh to le'n

41

ज़रा हम प्यार करना सीख तो लें
ये दरिया पार करना सीख तो लें

तुम्हें घायल तो कर ही देंगे हम बस
नज़र से वार करना सीख तो लें

अभी आँखें झुकाए हैं तभी तक
ये आँखें चार करना सीख तो लें

जो दिल मासूम है अब तक हमारा
इसे बीमार करना सीख तो लें

खुली आँखों से देखे हैं जो सपने
उन्हें साकार करना सीख तो लें

42

Jaag kar hum kaali raato'n me'n likhenge
Ranj o gham saare ishaaro'n me'n likhenge

Itna mushkil to nahi'n bharna inhe'n phir
Chupke se dil ki daraaro'n me'n likhenge

Soch hi jab aisi qaayam ho gayi hai
Geet patjhad ke bahaaro'n me'n likhenge

Mod kar kuchh panne rakh kar phool sookhe
Daasta'n apni kitaabo'n me'n likhenge

Jo haqiqat me'n na likh paane ka gham hai
Wo fasaane aaj khwaabo'n me'n likhenge

42

जाग कर हम काली रातों में लिखेंगे
रंजो ग़म सारे इशारों में लिखेंगे

इतना मुश्किल तो नहीं भरना इन्हें फिर
चुपके से दिल की दरारों में लिखेंगे

सोच ही जब ऐसी क़ायम हो गयी है
गीत पतझड़ के बहारों में लिखेंगे

मोड़ कर कुछ पन्ने, रख कर फूल सूखे
दास्ताँ अपनी किताबों में लिखेंगे

जो हक़ीक़त में न लिख पाने का ग़म है
वो फ़साने आज ख़्वाबों में लिखेंगे

43

Jaane kyo'n mera vajood ab qatra qatra hai

Kaun ye pal pal pighal kar mujhme'n behta hai

Ye ajab andaaz uska bhi puraana hai

Pyaar hai dil me'n bahut par lab pe shikwa hai

Kyo'n nazar me'n hai dhua'n hi har taraf ab to

Dil hi dil me'n kya hamaare ye sulagta hai

Kaise khud ko tod kar khud ko alag kar du'n

Wo bhi to mere badan ka ek hissa hai

Wo jo pinjre me'n har ik pal fadfadaaya tha

Aasma'n me'n dekhiye wo hi parinda hai

43

जाने क्यों मेरा वजूद अब क़तरा क़तरा है
कौन ये पल पल पिघलकर मुझमें बहता है

ये अजब अंदाज़ उसका भी पुराना है
प्यार है दिल में बहुत पर लब पे शिकवा है

क्यों नज़र में है धुआँ ही हर तरफ़ अब तो
दिल ही दिल में क्या हमारे ये सुलगता है

कैसे ख़ुद को तोड़ कर उसको अलग कर दूँ
वो भी तो मेरे बदन का एक हिस्सा है

वो जो पिंजरे में हर इक पल फड़फड़ाया था
आसमाँ में देखिए वो ही परिंदा है

44

Zindagi ki dhoop me'n bas ik thikaane ke liye
Kab talak tinke jutaau'n aashiyaane ke liye

Yu'n kinaaro'n par hi to milte nahi'n moti kabhi
Gahre paani me'n utariye inko paane ke liye

Nafrato'n ki aag me'n ghee daalte hai'n sab yaha'n
Koi aata hai kaha'n isko bujhaane ke liye

Pyaar apne ghonsle se tha unhe'n be intiha
Jo parinde ud chale the aabo-daane ke liye

Mujhko tha maaloom ye raahe'n suku'n dengi magar
Hai'n vafa ke raaste bas dil jalaane ke liye

Aansuo'n se apni hasti ko gala mat is tarah
Zindagi milti nahi'n aansoo bahaane ke liye

44

ज़िन्दगी की धूप में बस इक ठिकाने के लिए
कब तलक तिनके जुटाऊँ आशियाने के लिए

यूँ किनारों पर ही तो मिलते नहीं मोती कभी
गहरे पानी में उतरिए इनको पाने के लिए

नफ़रतों की आग में घी डालते हैं सब यहाँ
कोई आता है कहाँ इसको बुझाने के लिए

प्यार अपने घोंसले से था उन्हें बे इंतिहा
जो परिंदे उड़ चले थे आबोदाने के लिए

मुझको था मालूम ये राहें सुकूँ देंगी मगर
हैं वफ़ा के रास्ते बस दिल जलाने के लिए

आँसुओं से अपनी हस्ती को गला मत इस तरह
ज़िन्दगी मिलती नहीं आँसू बहाने के लिए

45

Jisko koi bhi shikayat na hi shikwa hoga
Kitne haalaat se samjhote wo karta hoga

Aaj gumnaami ke andhere me'n gum hu'n to kya
Dekhna kal mera har or fasaana hoga

Mele se kuchh na liye bachcha jo laut aaya tha
Bebasi ne hi ye din usko dikhaaya hoga

Mere daaman pe jo moti hai'n kaha'n se aaye
Khwaab me'n usko kisi ne to rulaaya hoga

Girgite'n bhi badi naaraaz to hoti hongi
Aadmi jab bhi koi rang badalta hoga

Ektak dekhta tha chaand ko wo chhat se hi
Chaand kaa dil bhi to ye dekh kar dhadkaa hoga

Har wo masoom jo kachra hi uthaye hai abhi
Ek din kaandhe pe uske bhi to basta hoga

45

जिसको कोई भी शिकायत न ही शिकवा होगा
कितने हालात से समझौते वो करता होगा

आज गुमनामी के अँधेरे में गुम हूँ तो क्या
देखना कल मेरा हर ओर फ़साना होगा

मेले से कुछ न लिये बच्चा जो लौट आया था
बेबसी ने ही ये दिन उसको दिखाया होगा

मेरे दामन पे जो मोती हैं कहाँ से आये
ख़्वाब में उसको किसी ने तो रुलाया होगा

गिरगिटें भी बड़ी नाराज़ तो होती होंगी
आदमी जब भी कोई रंग बदलता होगा

एकटक देखता था चाँद को वो छत से ही
चाँद का दिल भी तो ये देखकर धड़का होगा

हर वो मासूम जो कचरा ही उठाये है अभी
एक दिन काँधे पे उसके भी तो बस्ता होगा

46

Jo gham mitaane kaa kah raha thaa ghamo'n ki
gathri thama gaya hai
Wo khwaab lekar in aankho'n me'n ab hazaar
aansoo saja gaya hai

Vafa kaa badla saza hi hoga ye mujhko maaloom hi
nahi tha
Sabak kuchh aise bhi mujhko dekho wo pyaar se hi
sikha gaya hai

Mujhe andhero'n ki hi hai aadat isiliye ye kiya
hai usne
Charaagh saare wo jaate jaate bhala hua jo bujha
gaya hai

Bithaa raha tha falak pe mujhko ye khwaab mai'n
dekhti rahi thi
Khuli hai'n jaise hi band aankhe'n zameen par wo
gira gaya hai

46

जो ग़म मिटाने का कह रहा था ग़मों की गठरी थमा गया है
वो ख़्वाब लेकर इन आँखों में अब हज़ार आँसू सजा गया है

वफ़ा का बदला सज़ा ही होगा ये मुझको मालूम ही नहीं था
सबक़ कुछ ऐसे भी मुझको देखो वो प्यार से ही
सिखा गया है

मुझे अँधेरों की ही है आदत इसीलिए ये किया है उसने
चराग़ सारे वो जाते जाते भला हुआ जो बुझा गया है

बिठा रहा था फ़लक पे मुझको ये ख़्वाब मैं देखती रही थी
खुली हैं जैसे ही बंद आँखें ज़मीन पर वो गिरा गया है

Meri khushi me'n khushi thi jiski mujhe hansaana hi shauq jiska

Ghamo'n me'n doobe hue hi naghme na jaane kyo'n wo suna gaya hai

मेरी ख़ुशी में ख़ुशी थी जिसकी मुझे हँसाना ही शौक़ जिसका

ग़मों में डूबे हुए ही नग़मे न जाने क्यों वो सुना गया है

47

Jo mahfilo'n me'n hamesha hi muskuraaya hai
Yaqee'n hai zindagi ne usko hi rulaaya hai

Umad rahi hai samundar ke dil me'n bhi chaahat
Tabhi to dariya ko aaghosh me'n bulaaya hai

Guzar gayi meri jab saari umr tab samjhi
Jahaa'n to kuchh bhi nahi'n hai bas ek maaya hai

Kabhi gumaan ye hota hai mai'n nahi'n tanha
Hamesha saath me'n lagta hai koi saaya hai

Jo baithe the kabhi shohrat ke oonche masnad par
Unhe'n bhi waqt ne ab farsh par bithaaya hai

47

जो महफ़िलों में हमेशा ही मुस्कुराया है
यक़ीं है ज़िन्दगी ने उसको ही रुलाया है

उमड़ रही है समुन्दर के दिल में भी चाहत
तभी तो दरिया को आगोश में बुलाया है

गुज़र गयी मेरी जब सारी उम्र तब समझी
जहाँ तो कुछ भी नहीं है बस एक माया है

कभी गुमान ये होता है मैं नहीं तनहा
हमेशा साथ में लगता है कोई साया है

जो बैठे थे कभी शोहरत के ऊँचे मसनद पर
उन्हें भी वक़्त ने अब फ़र्श पर बिठाया है

48

Jo mujhe ab tak bahut pyara raha hai
Uss jaha'n se hi ye dil uktaa raha hai

Chaand ko sooraj hi to chamka raha hai
Kya tabhi ye aag hi barsa raha hai

Meri aankho'n me'n likhe hai'n paath kya kya
Wo hi jaane jo inhe'n dohra raha hai

Goonjta hai kaun khamoshi me'n meri
Kiska saya hai jo phir chaunka raha hai

Hausla deeye ke jaisa hi hai mera
Ye kabhi jalta kabhi bujhta raha hai

Ye jo patthar saamne dikhte hai'n tumko
In me'n bhi dariya kabhi bahta raha hai

48

जो मुझे अब तक बहुत प्यारा रहा है
उस जहाँ से ही ये दिल उकता रहा है

चाँद को सूरज ही तो चमका रहा है

क्या तभी ये आग ही बरसा रहा है

मेरी आँखों में लिखे हैं पाठ क्या क्या

वो ही जाने जो इन्हें दोहरा रहा है

गूँजता है कौन ख़ामोशी में मेरी

किसका साया है जो फिर चौंका रहा है

हौसला दीये के जैसा ही है मेरा

ये कभी जलता कभी बुझता रहा है

ये जो पत्थर सामने दिखते हैं तुमको

इनमें भी दरिया कभी बहता रहा है

49

Jo shakhs yu'n to kabhi meri zindagi na raha
Par uske rehte mujhe ranj bhi kabhi na raha

Vahi to ek tareeqa tha guftagu ke liye
Magar wo beech ka ik pul bhi kaagzi na raha

Ye waqt ke hi thapedo'n ka sab asar hai jo
Ki mera lahja bhi ab vaisa reshmi na raha

Ye shohrate'n to mili hai'n magar hua nuqsaan
Ki maamla koi bhi mera ab niji na raha

Mai'n khud se ho gayi anjaan bas tabhi se hi
Wo jab se mere liye ek ajnabi na raha

49

जो शख़्स यूँ तो कभी मेरी ज़िंदगी न रहा
पर उसके रहते मुझे रंज भी कभी न रहा

वही तो एक तरीका था गुफ़्तगू के लिए
मगर वो बीच का इक पुल भी काग़ज़ी न रहा

ये वक़्त के ही थपेड़ों का सब असर है जो
कि मेरा लहजा भी अब वैसा रेशमी न रहा

ये शोहरतें तो मिली हैं मगर हुआ नुक़सान
कि मामला कोई भी मेरा अब निजी न रहा

मैं ख़ुद से हो गयी अनजान बस तभी से ही
वो जब से मेरे लिए एक अजनबी न रहा

50

Thak gayi mai'n chalte chalte aur chal sakti nahi'n
Haa'n magar sooraj hu'n mai'n pehle bhi dhal
sakti nahi'n

Moorti patthar ki hai wo mom ki lagti hai jo
Dhoop kitni tez bhi ho wo pighal sakti nahi'n

Khwaab me'n dekha jo manzar wo lubhaata
hai magar
Neend khul jaane se sachchayi badal sakti nahi'n

Fans gaye hai'n faisle bhi kuchh galey me'n is tarah
Jo ugal sakti nahi'n jinko nigal sakti nahi'n

Saazishe'n karne lagi hai'n sab hawaaye'n aajkal
Fadfadaati lau hu'n kya mai'n aur jal sakti nahi'n

50

थक गयी मैं चलते चलते और चल सकती नहीं
हाँ मगर सूरज हूँ मैं पहले भी ढल सकती नहीं

मूर्ति पत्थर की है वो मोम की लगती है जो
धूप कितनी तेज़ भी हो वो पिघल सकती नहीं

ख़्वाब में देखा जो मंज़र वो लुभाता है मगर
नींद खुल जाने पे सच्चाई बदल सकती नहीं

फँस गये हैं फ़ैसले भी कुछ गले में इस तरह
जो उगल सकती नहीं जिनको निगल सकती नहीं

साज़िशें करने लगी हैं सब हवाएँ आजकल
फड़फड़ाती लौ हूँ क्या मैं और जल सकती नहीं

51

Tanhaaiyo'n me'n mujhse koi baat kare hai
Wo kaun hai duniya bhi sawaalaat kare hai

Milte hai'n magar baat koi ho nahi'n paati
Wo mujhse bahut chhoti mulaqaat kare hai

Mai'n kaise ye maanu'n ki nahi'n pyaar use ab
Milta hai to shikvo'n ki hi barsaat kare hai

Bakhshi nahi'n hai neend na hi khwaab diye hai'n
Sooraj hai ki har roz vahi raat kare hai

Jo mast kalandar hai koi fikr na usko
Daulat ki hi chinta koi din raat kare hai

Bechaini hai ab aankho'n se hai neend bhi gayab
Us par bhi sitam aur ye barsaat kare hai

51

तन्हाइयों में मुझसे कोई बात करे है
वो कौन है दुनिया भी सवालात करे है

मिलते हैं मगर बात कोई हो नहीं पाती
वो मुझसे बहुत छोटी मुलाक़ात करे है

मैं कैसे ये मानूँ कि नहीं प्यार उसे अब
मिलता है तो शिकवों की ही बरसात करे है

बख़शी नहीं है नींद न ही ख़्वाब दिये हैं
सूरज है कि हर रोज़ वही रात करे है

जो मस्त कलन्दर है कोई फ़िक्र न उसको
दौलत की ही चिंता कोई दिन-रात करे है

बेचैनी है अब आँखों से है नींद भी ग़ायब
उस पर भी सितम और ये बरसात करे है

52

Tamaam pattharo'n se kuchh juda sa lagta hai
Na jaane kyu'n wo hame'n devta sa lagta hai

Khayaalo'n me'n jo banaaya tha buT kabhi maine
Wo aajkal mujhe kuchh bolta sa lagta hai

Mai'n bin ruke hi chali ja rahi hu'n muddat se
Ye raasta bhi to ab ghoorta sa lagta hai

Mai'n jis deeye ke sahaare hu'n raat bhar ke liye
Wo jal raha hai magar kyu'n bujha sa lagta hai

Tumhaare bin bhi mai jeeye to ja rahi hu'n magar
Har ek lamha hi jaise saza sa lagta hai

52

तमाम पत्थरों से कुछ जुदा सा लगता है
न जाने क्यूँ वो हमें देवता सा लगता है

ख़यालों में जो बनाया था बुत कभी मैंने
वो आजकल मुझे कुछ बोलता सा लगता है

मैं बिन रुके ही चली जा रही हूँ मुद्दत से
ये रास्ता भी तो अब घूरता सा लगता है

मैं जिस दीये के सहारे हूँ रात भर के लिए
वो जल रहा है मगर क्यूँ बुझा सा लगता है

तुम्हारे बिन भी मैं जीये तो जा रही हूँ मगर
हर एक लम्हा ही जैसे सज़ा सा लगता है

53

Tum ghalatfahmi me'n humko mat rulaakar chhorhna
Chhorhna chaaho hame'n jab aazma kar chhorhna

Jis chaman se bhi guzarna yaad rakhna baat ye
Tehniyo'n par phool chaahat ke khila kar chhorhna

Anchhua mat chhorhna zakhmo'n ko mere
aye hakeem
Ya to chakoo hi chubhaana ya dawa kar chhorhna

Koi maayoosi na aansoo ho'n vidaayi ke samay
Ho zaruri chhorhna to muskura kar chhorhna

Kho gayi hu'n apne dil ke hi andhero'n me'n kahi'n
Pyaar ka koi deeya isme'n jala kar chhorhna

53

तुम ग़लतफ़हमी में हमको मत रुलाकर छोड़ना
छोड़ना चाहो हमें जब आज़माकर छोड़ना

जिस चमन से भी गुज़रना याद रखना बात ये
टहनियों पर फूल चाहत के खिलाकर छोड़ना

अनछुआ मत छोड़ना ज़ख़्मों को मेरे ऐ हक़ीम
या तो चाकू ही चुभाना या दवा कर छोड़ना

कोई मायूसी न आँसू हो विदाई के समय
हो ज़रूरी छोड़ना तो मुस्कुराकर छोड़ना

खो गयी हूँ अपने दिल के ही अँधेरों में कहीं
प्यार का कोई दीया इसमें जलाकर छोड़ना

54

Thak gayi mai'n chalte chalte aur chal sakti nahi'n
Haa'n magar sooraj hu'n mai'n pehle bhi dhal
sakti nahi'n

Moorti patthar ki hai wo mom ki lagti hai jo
Dhoop kitni tez bhi ho wo pighal sakti nahi'n

Khwaab me'n dekha jo manzar wo lubhaata
hai magar
Neend khul jaane se sachchayi badal sakti nahi'n

Fans gaye hai'n faisle bhi kuchh galey me'n is tarah
Jo ugal sakti nahi'n jinko nigal sakti nahi'n

Saazishe'n karne lagi hai'n sab hawaaye'n aajkal
Fadfadaati lau hu'n kya mai'n aur jal sakti nahi'n

54

थक गयी मैं चलते चलते और चल सकती नहीं
हाँ मगर सूरज हूँ मैं पहले भी ढल सकती नहीं

मूर्ति पत्थर की है वो मोम की लगती है जो
धूप कितनी तेज़ भी हो वो पिघल सकती नहीं

ख़्वाब में देखा जो मंज़र वो लुभाता है मगर
नींद खुल जाने पे सच्चाई बदल सकती नहीं

फँस गये हैं फ़ैसले भी कुछ गले में इस तरह
जो उगल सकती नहीं जिनको निगल सकती नहीं

साज़िशें करने लगी हैं सब हवाएँ आजकल
फड़फड़ाती लौ हूँ क्या मैं और जल सकती नहीं

55

Dard uthne laga hai anjaana

Kya sabab hai ye tum hi batlaana

Waqt ki gardisho'n me'n pehchaana

Kaun apna hai kaun begaana

Zindagi tu kaha'n pe le aayi

Hai na basti yaha'n na veeraana

Dard e dil ko yahi sikhaati hu'n

Aansuo'n me'n kahi'n na dhal jaana

Jaan paayi shamaa na ab tak ye

Kyu'n mitaata hai khud ko parwaana

55

दर्द उठने लगा है अनजाना
क्या सबब है ये तुम ही बतलाना

वक़्त की गर्दिशों में पहचाना
कौन अपना है कौन बेगाना

ज़िन्दगी तू कहाँ पे ले आयी
है न बस्ती यहाँ न वीराना

दर्द दिल को यही सिखाती हूँ
आँसुओं में कहीं न ढल जाना

जान पायी शमा न अब तक ये
क्यूँ मिटाता है ख़ुद को परवाना

56

Dil kisi kaa dikhaane se kya faayda
Dukhti rag ko babaane se kya faayda

Jeb hoti nahi'n hai kafan me'n agar
Phir karodo'n kamaane se kya faayda

Hai namak sirf hi hath me'n uske jab
Zakhm usko dikhaane se kya faayda

Jaagta hai koi raat bhar khwaab me'n
Sirf palke'n bujhaane se kya faayda

Gar andhera hi dil me'n basa ho to phir
Ye deeya bhi jalaane se kya faayda

56

दिल किसी का दुखाने से क्या फ़ायदा
दुखती रग को दबाने से क्या फ़ायदा

जेब होती नहीं है क़फ़न में अगर
फिर करोड़ों कमाने से क्या फ़ायदा

है नमक सिर्फ़ ही हाथ में उसके जब
ज़ख़्म उसको दिखाने से क्या फ़ायदा

जागता है कोई रात भर ख़्वाब में
सिर्फ़ पलकें बुझाने से क्या फ़ायदा

गर अँधेरा ही दिल में बसा हो तो फिर
ये दीया भी जलाने से क्या फ़ायदा

57

Na jane kah rahi hai'n kya hawaye'n
Ishara kya hai kuchh hamko bataye'n

Hame'n maloom hai'n apni khataye'n
Hamee'n ne hi chuni hai'n sab sazaye'n

Zara ab hauslo'n ko aazmaaye'n
Chalo patthar pe koi gul khilaye'n

Bahaaro'n ke hi nagme gungunaye'n
Kisi ko zakhm dil ke kyo'n dikhaye'n

Koi parchhaai hoti hai mere sath
Mai'n jab bhi dekhti hu'n daaye'n baaye'n

Chhupa le'n ek dooje ko kuchh aise
Zamaane ko nazar bhi ham na aaye'n

57

न जाने कह रही हैं क्या हवाएँ
इशारा क्या है कुछ हमको बताएँ

हमें मालूम हैं अपनी ख़ताएँ
हमीं ने ही चुनी हैं सब सजाएँ

ज़रा अब हौसलों को आज़माएँ
चलो पत्थर पे कोई गुल खिलाएँ

बहारों के ही नग़मे गुनगुनाएँ
किसी को ज़ख़्म दिल के क्यों दिखाएँ

कोई परछाई होती है मेरे साथ
मैं जब भी देखती हूँ दाएँ बाएँ

छुपा लें एक दूजे को कुछ ऐसे
ज़माने को नज़र भी हम न आएँ

58

Na jiye magar zindagi tujhse dar ke
Hai'n gham chaahe laakho'n idhar ke udhar ke

Sitaaro meri maang bharni hi hai gar
Zamee'n pe to aao falak se utar ke

Ye hanste huye log guzre abhi jo
Mai'n hairat me'n hu'n saare hai'n ye kidhar ke

Sametega koi nahi'n ye yaqee'n hai
Ye dekha hai maine bhi kaafi bikhar ke

Hasee'n lag rahe hai'n ye manzar abhi to
Hai'n kuchh bhi nahi'n ye hai'n dhokhe nazar ke

58

न जीये मगर ज़िन्दगी तुझसे डर के
हैं ग़म चाहे लाखों इधर के उधर के

सितारो मेरी माँग भरनी ही है गर
ज़मीं पे तो आओ फ़लक से उतर के

ये हँसते हुए लोग गुज़रे अभी जो
मैं हैरत में हूँ सारे हैं ये किधर के

समेटेगा कोई नहीं ये यकीं है
ये देखा है मैंने भी काफ़ी बिखर के

हसीं लग रहे हैं जो मंज़र अभी तो
हैं कुछ भी नहीं ये हैं धोखे नज़र के

59

Na poochh kitna bacha hai safar charaagho'n ka
Tu sirf dekh hua kya asar charaagho'n ka

Muqaabala jo andhero'n se karte aaye hai'n
Ise naseeb kahu'n ya hunar charaagho'n ka

Wo jaanta hai ki kya lutf hai yu'n jalne me'n
Ki raat bhar jo raha humsafar charaagho'n ka

Kisi bhi dwaar pe chaukhat pe jhilmilaayenge
Ki tay nahi'n hai koi apna ghar charaagho'n ka

Mujhe andhero'n ka dar bhi sataayega kaise
Nazar me'n rakhti hu'n hardam nagar
charaagho'n ka

59

न पूछ कितना बचा है सफ़र चराग़ों का
तू सिर्फ़ देख हुआ क्या असर चराग़ों का

मुकाबला जो अँधेरों से करते आये हैं
इसे नसीब कहूँ या हुनर चराग़ों का

वो जानता है कि क्या लुत्फ़ है यूँ जलने में
कि रात भर जो रहा हमसफ़र चराग़ों का

किसी भी द्वार पे चौखट पे झिलमिलाएँगे
कि तय नहीं है कोई अपना घर चराग़ों का

मुझे अँधेरों का डर भी सताएगा कैसे
नज़र में रखती हूं हरदम नगर चराग़ों का

60

Na baat baat me'n shikve gile talaash kare'n
Dilo'n ki or ke hi raaste talaash kare'n

Ulajh gaye hai'n na jaane hum aise dhaago'n me'n
Chalo idhar se udhar se sire talaash kare'n

Mai'n dhoondh dhoondh ke jinko thaki thaki si hu'n
Mai'n chaahti hu'n ki ab wo mujhe talaash kare'n

Sunahre lamhe jo khoye hai'n raaste me'n kahi'n
Madad to keeje zara aaiye talaash kare'n

Hamaari copy ke jin panno'n pe likha hai usey
Unhi'n me'n hum bhi kahi'n haashiye talaash kare'n

60

न बात बात में शिकवे गिले तलाश करें
दिलों की ओर के ही रास्ते तलाश करें

उलझ गये हैं न जाने हम ऐसे धागों में
चलो उधर से इधर से सिरे तलाश करें

मैं ढूँढ ढूँढ के जिनको थकी थकी सी हूँ
मैं चाहती हूँ कि अब वो मुझे तलाश करें

सुनहरे लम्हे जो खोये हैं रास्ते में कहीं
मदद तो कीजे ज़रा आइए तलाश करें

हमारी कापी के जिन पन्नों पे लिखा है उसे
उन्हीं में हम भी कहीं हाशिये तलाश करें

61

Nidhaal hai abhi sooraj kade safar ke baad
Magar tapaak se utthega raat bhar ke baad

Simat gayi hai tere ird gird hi duniya
Koi nagar nahi'n dikhta tere nagar ke baad

Mere vajood pe chhaya hai rang gaadha tera
To hoga kiska asar phir tere asar ke baad

Naye safar pe to dar lagna lazimi hi hai
Magar milegi to manzil man ke dar ke baad

Tum aao dil me'n to waapas kabhi nahi'n jaana
Kaha'n thikaana bhi hota hai apne ghar ke baad

61

निढाल है अभी सूरज कड़े सफ़र के बाद
मगर तपाक से उड़ेगा रात भर के बाद

सिमट गयी है तेरे इर्द गिर्द ही दुनिया
कोई नगर नहीं दिखता तेरे नगर के बाद

मेरे वजूद पे छाया है रंग गाढ़ा तेरा
तो होगा किसका असर फिर तेरे असर के बाद

नये सफ़र पे तो डर लगना लाज़िमी ही है
मगर मिलेगी तो मंज़िल मन के डर के बाद

तुम आओ दिल में तो वापस कभी नहीं जाना
कहाँ ठिकाना भी होता है अपने घर के बाद

62

Pukaare'n aasma'n se ya zamee'n se
Nazar aa jaaye wo shaayad kahi'n se

Guma'n hi zindagi me'n the abhi tak
Ye keh sakti hu'n mai'n poore yaqee'n se

Safar chhorha tha thak ke jis jagah par
Shuru karna padega ab vahi'n se

Andhero'n ne hukumat hum pe ki thi
Ujaala ho gaya hai ab hami'n se

Kisi se kya kahoge phir bataao
Chura lenge tumhe'n hi gar tumhi'n se

62

पुकारें आसमाँ से या ज़मीं से
नज़र आ जाए वो शायद कहीं से

गुमां ही ज़िन्दगी में थे अभी तक
ये कह सकती हूँ मैं पूरे यकीं से

सफ़र छोड़ा था थक के जिस जगह पर
शुरू करना पड़ेगा अब वहीं से

अँधेरों ने हुकूमत हम पे की थी
उजाला हो गया है अब हमीं से

किसी से क्या कहोगे फिर बताओ
चुरा लेंगे तुम्हें ही गर तुम्हीं से

63

Pesh kuchh aise lamhe aa baithe

Khwab ham bhi kayi saja baithe

Chaand ko aasna'n me'n dekh liya

Ham machal kar deeya bujha baithe

Han to tanhaiyo'n ke jangal me'n

Khwab ke mele hi laga baithe

Sirf itni khata hamari thi

Dekhkar unko muskura baithe

Hom karne ko aaye the lekin

Hath apne hi ham jala baithe

Jisko jana hai wo uthe jaye

Aur jisko hai baithna baithe

63

पेश कुछ ऐसे लम्हे आ बैठे
ख़्वाब हम भी कई सजा बैठे

चाँद को आसमाँ में देख लिया
हम मचल कर दीया बुझा बैठे

हम तो तन्हाइयों के जंगल में
ख़्वाब के मेले ही लगा बैठे

सिर्फ़ इतनी ख़ता हमारी थी
देखकर उनको मुस्कुरा बैठे

होम करने को आये थे लेकिन
हाथ अपने ही हम जला बैठे

जिसको जाना है वो उठे जाए
और जिसको है बैठना बैठे

64

Faza me'n ye udta hua jo dhua'n hai
Na jaane ye kis aag ki daasta'n hai

Mujhe kaarwa'n se alag karne waalo
Mere peechhe ab chal raha kaarwa'n hai

Teri yaad ke saare taare hai'n mujhme'n
Chhupa mere andar hi is aasma'n hai

Jala di hai tasveer maine tumhaari
Nazar me'n meri ab dhua'n hi dhua'n hai

Hai'n ehsaas hi se to aabaad hum sab
Ye insaan varna to khaali maka'n hai

64

फ़ज़ा में ये उड़ता हुआ जो धुआँ है
न जाने ये किस आग की दास्ताँ है

मुझे कारवाँ से अलग करने वालो
मेरे पीछे अब चल रहा कारवाँ है

तेरी याद के सारे तारे हैं मुझमें
छुपा मेरे अंदर ही इक आसमाँ है

जला दी है तस्वीर मैंने तुम्हारी
नज़र में मेरी अब धुआँ ही धुआँ है

हैं एहसास ही से तो आबाद हम सब
ये इंसान वर्ना तो ख़ाली मकाँ है

65

Bachaa kar nazar ab guzarne lagi hai

Khushi karke vaada mukarne lagi hai

Mere sabr ki intiha ho gayi ab

Jo ab meri hasti bikharne lagi hai

Kabhi zindagi me'n sukoo'n mil hi jaata

Ye khwaahish bhi is waqt marne lagi hai

Bade hote jaate hai'n saaye bhi hamse

Zara dhoop sar se utarne lagi hai

Bura waqt is se zyada na dekha

Ki ab kokh me'n beti darne lagi hai

65

बचा कर नज़र अब गुज़रने लगी है
ख़ुशी करके वादा मुकरने लगी है

मेरे सब्र की इंतिहा हो गयी अब
जो अब मेरी हस्ती बिखरने लगी है

कभी ज़िन्दगी में सुकूँ मिल ही जाता
ये ख़्वाहिश भी इस वक़्त मरने लगी है

बड़े होते जाते हैं साये भी हमसे
ज़रा धूप सर से उतरने लगी है

बुरा वक़्त इससे ज़्यादा न देखा
कि अब कोख में बेटी डरने लगी है

66

Badi hi uljhane'n hai'n aitbaar karne me'n
Katega waqt hi phir intzaar karne me'n

Hai'n khaamiya'n mere kirdaar me'n pata hai mujhe
Ye zindagi to chukegi sudhaar karne me'n

Idhar udhar mai'n kidhar jaau'n faisla na hua
Ye umr beet gayi hai vichaar karne me'n

Mujhi me'n kitne samunder rahe hai'n phaile hue
Mai'n khatm ho chuki hu'n inko paar karne me'n

Mai'n kitni sadio'n se baithi hu'n is jagah par hi
Lagi hu'n patjhado'n ko bhi bahaar karne me'n

66

बड़ी ही उलझनें हैं ऐतबार करने में
कटेगा वक़्त ही फिर इंतज़ार करने में

हैं ख़ामियाँ मेरे किरदार में पता है मुझे
ये ज़िन्दगी तो चुकेगी सुधार करने में

इधर उधर मैं किधर जाऊँ फ़ैसला न हुआ
ये उम्र बीत गयी है विचार करने में

मुझी में कितने समुंदर रहे हैं फैले हुए
मैं ख़त्म हो चुकी हूँ इनको पार करने में

मैं कितनी सदियों से बैठी हूँ इस जगह पर ही
लगी हूँ पतझड़ों को भी बहार करने में

67

Bas hamko dekhkar wo zara muskura diye
Itni thi baat isne magar gul khila diye

Kisne ye khwab palko'n pe mere saja diye
Aur neend par bhi meri hi pehre bitha diye

Sooraj ki roshni ki talab thi kuchh is qadar
Jalte hue deeye sabhi maine bujha diye

Pal bhar ko yu'n bahaar ka munh dekh hi liya
Kagaz pe maine phool bana kar mita diye

Jane wo kiske gham liye raste me'n mil gya
Aur dekhte hi dekhte mujhko thama diye

67

बस हमको देखकर वो ज़रा मुस्कुरा दिये
इतनी थी बात इसने मगर गुल खिला दिये

किसने ये ख़्वाब पलकों पे मेरी सजा दिये
और नींद पर भी मेरी ही पहरे बिठा दिये

सूरज की रौशनी की तलब थी कुछ इस क़दर
जलते हुए दीये सभी मैंने बुझा दिये

पल भर को यूँ बहार का मुँह देख ही लिया
काग़ज़ पे मैंने फूल बना कर मिटा दिये

जाने वो किसके ग़म लिये रस्ते में मिल गया
और देखते ही देखते मुझको थमा दिये

68

Bahut sochna dil lagaane se pehle

Ki guldaan me'n gul sajaane se pehle

Charaagh aansuo'n ke jalaakar hi rakhna

Andhero'n ke is or aane se pehle

Hazaaro'n dafa sochna is jaha'n me'n

Muhabbat ki basti basaane se pehle

Parakh lena sheeshe ka to vo nahi'n hai

Tu aankho'n me'n sapna sajaane se pehle

Bichhad to na jaoge aansoo ke jaise

Kaho aankh me'n tum samaane se pehle

Yahi zulm uska gawaara nahi'n hai

Hansaata bahut hai rulaane se pehle

Tu rishte hi mujhse sabhi tod lena

Mere jism se jaan jaane se pehle

68

बहुत सोचना दिल लगाने से पहले
कि गुलदान में गुल सजाने से पहले

चराग़ आँसुओं के जलाकर ही रखना
अँधेरों के इस ओर आने से पहले

हज़ारों दफ़ा सोचना इस जहाँ में
मुहब्बत की बस्ती बसाने से पहले

परख लेना शीशे का तो वो नहीं है
तू आँखों में सपना सजाने से पहले

बिछड़ तो न जाओगे आँसू के जैसे
कहो आँख में तुम समाने से पहले

यही ज़ुल्म उसका गवारा नहीं है
हँसाता बहुत है रुलाने से पहले

तू रिश्ते ही मुझसे सभी तोड़ लेना
मेरे जिस्म से जान जाने से पहले

69

Bikharna mera muqaddar hai kya kiya jaaye

Mai'n aaina hu'n wo patthar hai kya kiya jaaye

Bujhegi pyaas bhi kaise ki paani hai khaara

Bhale hi paas samunder hai kya kiya jaaye

Gulo'n kaa bojh bhi bardasht jo na karta tha

Usi ke hath me'n khanjar hai kya kiya jaaye

Jagah jagah se ye toota hai chhat bhi chaak hui

Magar ye phir bhi mera ghar hai kya kiya jaaye

Wo jisko dhoondhta rahta hai dar ba dar insaa'n

Nahi'n pata ki wo andar hai kya kiya jaaye

69

बिखरना मेरा मुक़द्दर है क्या किया जाए
मैं आईना हूँ वो पत्थर है क्या किया जाए

बुझेगी प्यास भी कैसे कि पानी है खारा
भले ही पास समुन्दर है क्या किया जाए

गुलों का बोझ भी बर्दाश्त जो न करता था
उसी के हाथ में .खंजर है क्या किया जाए

जगह जगह से ये टूटा है छत भी चाक हुई
मगर ये फिर भी मेरा घर है क्या किया जाए

वो जिसको ढूँढता रहता है दर ब दर इंसां
नहीं पता कि वो अंदर है क्या किया जाए

70

Beshumaar imhita'n chhorhiye

Har qadam par guma'n chhorhiye

Aansuo'n me'n na ghul jaye'n khwaab

Ab to ye siskiya'n chhorhiye

Sach ke haami akele bahut

Jhooth ka karwa'n chhorhiye

Aatma ko mila hai ye hukm

Ab puraana maka'n chhorhiye

Apna qissa maze se kahe'n

Meri wo daasta'n chhorhiye

Waqt ki ret par aap bhi

Paanv ke kuchh nisha'n chhorhiye

70

बेशुमार इम्तिहाँ छोड़िए
हर क़दम पर गुमाँ छोड़िए

आँसुओं में न घुल जाएँ ख़्वाब
अब तो ये सिसकियाँ छोड़िए

सच के हामी अकेले बहुत
झूट का कारवाँ छोड़िए

आत्मा को मिला है ये हुक्म
अब पुराना मकाँ छोड़िए

अपना क़िस्सा मज़े से कहें
मेरी वो दास्ताँ छोड़िए

वक़्त की रेत पर आप भी
पाँव के कुछ निशाँ छोड़िए

71

Bhari dunia me'n yu'n to mele chaahe roz
hote hai'n
Magar sach hai ki ham bhi to akele roz hote hai'n

Wo har din tootTe hai'n tootne hai'n jaante
hai'n ham
Umeedo'n ke mahal lekin banaane roz hote hai'n

Hawaye'n thahri thahri hai'n fizaay'n sahmi
sahmi hai'n
Ghuta saa daur hai, aise nazaare roz hote hai'n

Mujhe manzil to mil hi jayegi bas thodi doori hai
Isi ik soch me'n hi kitne chhale roz hote hai'n

Mai'n teri yaad me'n kya kya na jaane likhti
rahti hu'n
Ghazal banti nahi'n panne to kaale roz hote hai'n

Mujhe aadat hai mai'n inko dubaara jod hi lungi
Bikhar jaata hai dil hi hai jo tukde roz hote hai'n

71

भरी दुनिया में यूँ तो मेले चाहे रोज़ होते हैं
मगर सच है कि हम भी तो अकेले रोज़ होते हैं

वो हर दिन टूटते हैं टूटने हैं जानते हैं हम
उमीदों के महल लेकिन बनाने रोज़ होते हैं

हवाएँ ठहरी ठहरी हैं फ़िज़ाएँ सहमी सहमी हैं
घुटा सा दौर है ऐसे नज़ारे रोज़ होते हैं

मुझे मंज़िल तो मिल ही जाएगी बस थोड़ी दूरी है
इसी इक सोच में ही कितने ही छाले रोज़ होते हैं

मैं तेरी याद में क्या क्या न जाने लिखती रहती हूँ
ग़ज़ल बनती नहीं पन्ने तो काले रोज़ होते हैं

मुझे आदत है मैं इनको दुबारा जोड़ ही लूँगी
बिखर जाता है दिल ही है जो टुकड़े रोज़ होते हैं

72

Milne wala hi tha kuchh pal me'n kinaara mujhko
Jaane majhdaar se ye kisne pukaara mujhko

Har qadam zindagi ne chaahe nakaara mujhko
Mujh me'n zinda hai koi jisne ubhaara mujhko

Mai'n katey pankh liye jab bhi dukhi hoti hu'n
Tab falak se koi karta hai ishaara mujhko

Jaagti aankh se hi dekhte rehna hai mujhe
Sone deta nahi'n hai khwaab tumhaara mujhko

Koi is paar mujhe dhoondhta rehta hai kya
Kyo'n ye lehro'n ne kinaare pe utaara mujhko

72

मिलने वाला ही था कुछ पल में किनारा मुझको
जाने मझधार से ये किसने पुकारा मुझको

हर क़दम ज़िन्दगी ने चाहे नकारा मुझको
मुझमें ज़िंदा है कोई जिसने उभारा मुझको

मैं कटे पँख लिये जब भी दुखी होती हूँ
तब फ़लक से कोई करता है इशारा मुझको

जागती आँख ही से देखते रहना है मुझे
सोने देता नहीं है ख़्वाब तुम्हारा मुझको

कोई इस पार मुझे ढूँढता रहता है क्या
क्यों ये लहरों ने किनारे पे उतारा मुझको

73

Mujhe to pyaar ke maare ajeeb lagte hai'n
Ye ishq o husn ke jhagde ajeeb lagte hai'n

Ye zindagi to akele guzaar di maine
Hataa lo hath sahaare ajeeb lagte hai'n

Jo sirf dard hi dete hai'n unka kya keeje
Badalte roz hi rishte ajeeb lagte hai'n

Unho'n ne paal ke itna bada kiya lekin
Ye aaj bachcho'n ko boodhe ajeeb lagte hai'n

Bahut si yaade'n hai'n aansoo hai'n aur tanhaai
Sabhi ko mere khazaane ajeeb lagte hai'n

Hata le raushni ab mere saamne se koi
Ye chalte saath me'n saaye ajeeb lagte hai'n

73

मुझे तो प्यार के मारे अजीब लगते हैं
ये इश्क़ ओ हुस्न के झगड़े अजीब लगते हैं

ये ज़िन्दगी तो अकेले गुज़ार दी मैंने
हटा लो हाथ सहारे अजीब लगते हैं

जो सिर्फ़ दर्द ही देते हैं उनका क्या कीजे
बदलते रोज़ ही रिश्ते अजीब लगते हैं

उन्होंने पाल के इतना बड़ा किया लेकिन
ये आज बच्चों को बूढ़े अजीब लगते हैं

बहुत सी यादें हैं आँसू हैं और तनहाई
सभी को मेरे ख़ज़ाने अजीब लगते हैं

हटा ले रोशनी अब मेरे सामने से कोई
ये चलते साथ में साये अजीब लगते हैं

74

Mujhe hi aazmaata hai kabhi koi kabhi koi
Mera hi dil dukhaata hai kabhi koi kabhi koi

Mila jo bhi usi ne hi diya hai zakhm hi mujhko
Phir in per muskuraata hai kabhi koi kabhi koi

Hamaari zindagi to haar ke saaye me'n rehti hai
Hamesha jeet jaata hai kabhi koi kabhi koi

Pahaado'n se alag hokar jo hu'n ab mai'n sadak per to
Mujhe thokar lagaata hai kabhi koi kabhi koi

Kabhi jo rooth kar sabse alag duniya me'n jaati hu'n
Manaane aa hi jaata hai kabhi koi kabhi koi

74

मुझे ही आज़माता है कभी कोई कभी कोई
मेरा ही दिल दुखाता है कभी कोई कभी कोई

मिला जो भी उसी ने ही दिया है ज़ख़्म ही मुझको
फिर इन पर मुस्कुराता है कभी कोई कभी कोई

हमारी ज़िंदगी तो हार के साये में रहती है
हमेशा जीत जाता है कभी कोई कभी कोई

पहाड़ों से अलग होकर जो हूँ अब मैं सड़क पर तो
मुझे ठोकर लगाता है कभी कोई कभी कोई

कभी जो रूठ कर सबसे अलग दुनिया में जाती हूँ
मनाने आ ही जाता है कभी कोई कभी कोई

75

Mere lab pe tera hi naam hai mere dil me'n tera
khayaal hai

Mujhe aisa lagta hai jaane kyu'n ki tera bhi aisa hi
haal hai

Meri zindagi ki kitaab me'n mai'n hisaab leke jo
baithi hu'n

Kahi'n lamhe khushio'n ke bhi dikhe ye nahi'n ki sirf
malaal hai

Ye hai zindagi ki haqiqate'n ye haseen khwab
nahi'n koi

Ye to tay hai hogi hi khurdari nahi'n reshmi sa
rumaal hai

Mujhe kuchh samajh nahi'n aa raha ye jo rang
bikhre hai'n zehn me'n

Koi khwaab hai ya khayaal hai ya kuchh aur sa ye
gulaal hai

75

मेरे लब पे तेरा ही नाम है मेरे दिल में तेरा ख़याल है
मुझे ऐसा लगता है जाने क्यूँ कि तेरा भी ऐसा ही हाल है

मेरी ज़िंदगी की किताब में मैं हिसाब लेके जो बैठी हूँ
कहीं लम्हे ख़ुशियों के भी दिखे ये नहीं कि सिर्फ़ मलाल है

ये हैं ज़िन्दगी की हक़ीक़तें ये हसीन ख़्वाब नहीं कोई
ये तो तय है होगी ही खुरदरी नहीं रेशमी सा रुमाल है

मुझे कुछ समझ नहीं आ रहा ये जो रंग बिखरे हैं ज़ेहन में
कोई ख़्वाब है या ख़याल है या कुछ और सा ये गुलाल है

Wo jin aankho'n me'n the jawab sab mere har
sawaal ke aaj tak
Ye sitam hai waqt ka jaane kya ab unhi'n me'n koi
sawaal hai

वो जिन आँखों में थे जवाब सब मेरे हर सवाल के आज तक
ये सितम है वक़्त का जाने क्या अब उन्हीं में कोई सवाल है

76

Mai'n chaahti hu'n jo sochu'n vaha'n nikal jaye

Mere hi qadmo'n me'n ik aasma'n nikal jaye

Mera vajood nahi'n baaqi is jaha'n me'n kahi'n

Hai waqt aisa ye dil se guma'n nikal jaye

Tum is tarah se na dil ke sawaal mujhse karo

Na kahte kahte kahi'n munh se haa'n nikal jaye

Tum uske fun ko abhi samjhe hi kaha'n ho wo

Kaha'n pe doobe na jaane kaha'n nikal jaye

Abhi bhi door hai manzil hai hamsafar hi safar

Na jaane phir se kaha'n imtiha'n nikal jaye

Sukoo'n ke gul bhi khilenge kabhi to dil me'n bhi

Ki hasrato'n ka jo poora dhua'n nikal jaye

76

मैं चाहती हूँ जो सोचूँ वहाँ निकल जाए
मेरे ही क़दमों में इक आसमाँ निकल जाए

मेरा वजूद नहीं बाक़ी इस जहाँ में कहीं
है वक़्त ऐसा ये दिल से गुमाँ निकल जाए

तुम इस तरह से न दिल के सवाल मुझसे करो
न कहते कहते कहीं मुँह से हाँ निकल जाए

तुम उसके फ़न को अभी समझे ही कहाँ हो वो
कहाँ पे डूबे न जाने कहाँ निकल जाए

अभी भी दूर है मंज़िल है हमसफ़र ही सफ़र
न जाने फिर से कहाँ इम्तिहाँ निकल जाए

सुकूँ के गुल भी खिलेंगे कभी तो दिल में भी
कि हसरतों का जो पूरा धुआँ निकल जाए

77

Mai'n raat bhar ke andhero'n se gahre darr ke baad
Nikal padi thi safar pe agar magar ke baad

Hawa se ja ke jo khushbu ne dosti kar li
Udi hai'n phool ki neende'n hi is khabar ke baad

Phir uske aage ka manzar dikha nhi'n kuchh bhi
Har ik taraf tha dhua'n hi tere nagar ke baad

Badal ke hone laga dil ka rang kaala sa
Nahi'n kisi ka asar ab tere asar ke baad

Qadam hi uthte nahi'n aakhri safar ko ab
Mai'n thak gayi hu'n ye lambe kathin safar ke baad

77

मैं रात भर के अँधेरों से गहरे डर के बाद
निकल पड़ी थी सफ़र पे अगर-मगर के बाद

हवा से जा के जो ख़ुशबू ने दोस्ती कर ली
उड़ी हैं फूल की नींदें ही इस ख़बर के बाद

फिर उसके आगे का मंज़र दिखा नहीं कुछ भी
हर इक तरफ़ था धुआँ ही तेरे नगर के बाद

बदल के होने लगा दिल का रंग काला सा
नहीं किसी का असर अब तेरे असर के बाद

क़दम ही उठते नहीं आख़री सफ़र को अब
मैं थक गयी हूँ ये लम्बे कठिन सफ़र के बाद

78

Mausam ke sath maana ki patte badal gaye
Par log mausamo'n hi se kaise badal gaye

Vaade , iraade, daave to majboot the magar
Thode tumhaare thode hamaare badal gaye

Kyo'n shaouq se kitaabo'n ko padhte nahi'n
hai'n log
Paathak badal gaye hai'n ki panne badal gaye

Chaalaaki dosto'n ki samajh me'n na aa saki
Naadaan mai'n hu'n yaa ki ye saare badal gaye

Is net ke jaha'n me'n hi gum ho gaye hai'n log
Kaaghaz ki naav vaale wo bachche badal gaye

Anjaan sa hua hai safar kyo'n yaha'n se ab
Manzil badal gayi hai ki raste badal gaye

78

मौसम के साथ माना कि पत्ते बदल गये
पर मौसमों ही से कैसे बदल गये

वादे, इरादे, दावे तो मजबूत थे मगर
थोड़े तुम्हारे थोड़े हमारे बदल गये

क्यों शौक़ से किताबों को पढ़ता नहीं कोई
पाठक बदल गये हैं कि पन्ने बदल गये

चालाकी दोस्तों की समझ में न आ सकी
नादान मैं हूँ या कि ये सारे बदल गये

इस नेट के जहाँ में ही गुम हो गये हैं लोग
काग़ज़ की नाव वाले वो बच्चे बदल गये

अंजान सा हुआ है सफ़र क्यों यहाँ से अब
मंज़िल बदल गयी है कि रस्ते बदल गये

79

Yaqeen me'n na rakho par gumaan me'n rakh lo
Yahi hai chaah ki bas apne dhyaan me'n rakh lo

Samundaro'n ki na aazadi chahiye mujhko
Mai'n machchhli hu'n mujhe ik martbaan
me'n rakh lo

Zamee'n pe dil nahi'n lagta hai ey sitaaro mera
Mujhe bhi saath hi ab aasmaan me'n rakh lo

Udaan me'n mujhe chaahe na saath me'n rakkha
Yo yu'n karo ki mujhe ab thakaan me'n rakh lo

Mujhe yaqeen hai mai'n paar kar hi jaaungi
Kisi tarah ke bhale imtihaan me'n rakh lo

79

यक़ीन में न रखो पर गुमान में रख लो
यही है चाह कि बस अपने ध्यान में रख लो

समुंदरों की न आज़ादी चाहिए मुझको
मैं मछली हूँ मुझे इक मर्तबान में रख लो

ज़मीं पे दिल नहीं लगता है ऐ सितारो मेरा
मुझे भी साथ ही अब आसमान में रख लो

उड़ान में मुझे चाहे न साथ में रक्खा
तो यूँ करो कि मुझे अब थकान में रख लो

मुझे यक़ीन है मैं पार कर ही जाऊँगी
किसी तरह के भले इम्तिहान में रख लो

80

Ye ghalatfahmi hi thi hum bhi sanwar jaayenge

Haare hai'n gham ke hi dariya me'n utar jaayenge

Hum to khushbu hai'n yaha'n se bhi guzar jaayenge

Ye hawa ko hi pata hai ki kidhar jaayenge

Kadwi sachchaayi ke jaise bhi nahi'n ho sakte

Khwaab ki tarah ho'n to hum bhi bikhar jaayenge

Zindagi ne hi daraaya hai hame'n zoro'n se

Ab to lagta nahi'n ki maut se dar jaayenge

Humko maaloom hai badqismati ke rasto'n ka

Ye udhar jaayenge bas hum hi jidhar jaayenge

Bahte paani ki tarah hi thi rawaani hum me'n

Ye na socha tha ki hum bhi yu'n thehar jaayenge

80

ये ग़लतफ़हमी ही थी हम भी सँवर जाएँगे
हारे हैं ग़म के ही दरिया में उतर जाएँगे

हम तो ख़ुशबू हैं यहाँ से भी गुज़र जाएँगे
ये हवा को ही पता है कि किधर जाएँगे

कड़वी सच्चाई के जैसे भी नहीं हो सकते
ख़्वाब की तरह हों तो हम भी बिखर जाएँगे

ज़िन्दगी ने ही डराया है हमें ज़ोरों से
अब तो लगता नहीं कि मौत से डर जाएँगे

हमको मालूम है बदक़िस्मती के रस्तों का
ये उधर जाएँगे बस हम ही जिधर जाएँगे

बहते पानी के तरह ही थी रवानी हममें
ये न सोचा था कि हम भी यूँ ठहर जाएँगे

81

Ye toote dil se ghazal gaa ke sochti hu'n mai'n
Ki baansuri ki hai aadat ye baansuri hu'n mai'n

Na jaane kaun mujhe de raha hai aawaaze'n
Pukaarta bhi hai koi ki goonjti hu'n mai'n

Tera vajood samunder ke jaise lagta hai
Usi me'n ek lahar jaise hi uthi hu'n mai'n

Zubaan tak hi hai seemit ye meri khaamoshi
Tumhe'n pata nahi'n dil me'n to cheekhti hu'n mai'n

Hawa se phool se titli se dosti hai meri
Ye baat aur hai khud se hi ajnabi hu'n mai'n

81

ये टूटे दिल से ग़ज़ल गा के सोचती हूँ मैं
कि बाँसुरी की है आदत ये बाँसुरी हूँ मैं

न जाने कौन मुझे दे रहा है आवाज़ें
पुकारता भी है कोई कि गूँजती हूँ मैं

तेरा वजूद समुंदर के जैसे लगता है
उसी में एक लहर जैसे ही उठी हूँ

ज़ुबान तक ही है सीमित ये मेरी ख़ामोशी
तुम्हें पता नहीं दिल में तो चीख़ती हूँ मैं

हवा से, फूल से, तितली से दोस्ती है मेरी
ये बात और है ख़ुद से ही अजनबी हूँ मैं

82

Ye fizao'n me'n ajab si kaisi halchal ho gayi

Kya hua hai ye hawa ko jo yu'n pagal ho gayi

Bedi mere paanv ki bhi jab se payal ho gayi

Aag se guzri mai'n hans kar wo bhi sheetal ho gayi

Ye jo kalikh hai abhi tak to thi kalikh hi magar

Maine aankho'n me'n sajaya ab wo kajal ho gayi

Mujh me'n bharne lag gayi hai ek khushbu si koi

Kya ye teri yaad hai jo vo hi sandal ho gayi

Ik adhoorapan liye baati akeli thi koi

Paa liya usne deeye ko aur mukammal ho gayi

Pankh jo phailaye mai'ne aasma'n me'n ud chali

Dekhte hi dekhte dharti hi ojhal ho gayi

82

ये फ़िज़ाओं में अजब सी कैसी हलचल हो गयी
क्या हुआ है ये हवा को जो यूँ पागल हो गयी

बेड़ी मेरे पाँव की भी जब से पायल हो गयी
आग से गुज़री मैं हँस कर वो भी शीतल हो गयी

जो ये कालिख है अभी तक तो थी कालिख ही मगर
मैंने आँखों में सजाया अब वो काजल हो गयी

मुझमें भरने लग गयी है एक ख़ुश्बू सी कोई
क्या ये तेरी याद है जो वो ही सन्दल हो गयी

इक अधूरापन लिए बाती अकेली थी कोई
पा लिया उसने दीये को और मुकम्मल हो गयी

पंख जो फैलाये मैंने आसमाँ में उड़ चली
देखते ही देखते धरती ही ओझल हो गयी

83

Ye manzar hi shaamo sehar dekhte hai'n
Usey dekhte hai'n jidhar dekhte hai'n

Zamee'n par hawa me'n falak par bhi ab to
Har ik or uska asar dekhte hai'n

Vahi'n par hi manzoor hai humko rehna
Tabhi uski aankho'n me'n ghar dekhte hai'n

Ye logo'n ko kya in dino'n ho gaya hai
Meri aur uski nazar dekhte hai'n

Nahi'n manzilo'n ki to chaahat hi humko
Bas ik doosre me'n safar dekhte hai'n

83

ये मंज़र ही शामो सहर देखते हैं
उसे देखते हैं जिधर देखते हैं

ज़मीं पर हवा में फ़लक पर भी अब तो
हर इक ओर उसका असर देखते हैं

वहीं पर ही मंज़ूर है हमको रहना
तभी उसकी आँखों में घर देखते हैं

ये लोगों को क्या इन दिनों हो गया है
मेरी और उसकी नज़र देखते हैं

नहीं मन्ज़िलों की तो चाहत ही हमको
बस इक दूसरे में सफ़र देखते हैं

84

Ye sach hai ya phir mugaalta hai
Vahi dukho'n me'n sambhaalta hai

Ye kaun mushkil me'n daalta hai
Hai kaun jo phir nikaalta hai

Falak pe to chhed kya hi hoga
Magar wo patthar uchhaalta hai

Ghamo'n ko lafzo'n me'n wo badalkar
Ghazal ki soorat me'n dhaalta hai

Chaman me'n khushbu hai'n rang bikhre
Hai kya jo shaakho'n ko saalta hai

84

ये सच है या फिर मुग़ालता है
वही दुखों में सँभालता है

ये कौन मुश्किल में डालता है
है कौन जो फिर निकालता है

फ़लक पे तो छेद क्या ही होगा
मगर वो पत्थर उछालता है

ग़मों को लफ़्ज़ों में वो बदलकर
ग़ज़ल की सूरत में ढालता है

चमन में ख़ुश्बू हैं रंग बिखरे
है क्या जो शाख़ों को सालता है

85

Ye sitam khud ke liye achchha nahi'n
Hath jo apna kabhi thaama nahi'n

Khwaahishe'n kitni liye baithi hu'n mai'n
TooTta lekin koi taara nahi'n

Dhoop se panpenge chhote paudhe aur
Inko garmi chaahiye saaya nahi'n

Kar rahe hai'n log taareefe'n meri
Ho raha hai shak mai'n kya zinda nahi'n

Meri aankho'n me'n hai'n kitne khwaab to
Kyo'n magar inka koi chehra nahi'n

85

ये सितम ख़ुद के लिए अच्छा नहीं
हाथ जो अपना कभी थामा नहीं

ख़्वाहिशें कितनी लिए बैठी हूँ मैं
टूटता लेकिन कोई तारा नहीं

धूप से पनपेंगे छोटे पौधे और
इनको गर्मी चाहिए साया नहीं

कर रहे हैं लोग तारीफ़ें मेरी
हो रहा है शक मैं क्या ज़िंदा नहीं

मेरी आँखों में हैं कितने ख़्वाब तो
क्यों मगर इनका कोई चेहरा नहीं

86

Ye hai khwab ya haqiqat ye mujhe kaha'n
khabar hai
Jo suroor hai hawa me'n ye Kisi ka to asar hai

Kahi'n roshni hai bikhri kahi'n mahki hai'n fizaye'n
Mujhe koi to batao ki ye kaunsa nagar hai

Ye jo bheed dikh rahi hai koi hamsafar nahi'n hai'n
Sabhi chal rahe hai'n lekin sabhi ka alag safar hai

Koi ajnabi sa saya jo mujhe bula raha tha
Mai'n jo us taraf chali hu'n wo na jane ab
kidhar hai

Vahi zarre zarre me'n hai mai'n jidhar bhi
dekhti hu'n
Ye mujhe hua hai dhokha ya usi ka ye hunar hai

86

ये है ख़्वाब या हक़ीक़त ये मुझे कहाँ ख़बर है
जो सुरूर है हवा में ये किसी का तो असर है

कहीं रोशनी है बिखरी कहीं महकी हैं फ़िज़ाएँ
मुझे कोई तो बताओ कि ये कौनसा नगर है

ये जो भीड़ दिख रही है कोई हमसफ़र नहीं हैं
सभी चल रहे हैं लेकिन सभी का अलग सफ़र है

कोई अजनबी सा साया जो मुझे बुला रहा था
मैं जो उस तरफ़ चली हूँ वो न जाने अब किधर है

वही ज़र्रे ज़र्रे में है मैं जिधर भी देखती हूँ
ये मुझे हुआ है धोखा या उसी का ये हुनर है

87

Rishta jo qeemti hai tu uska khayaal kar
Gar toot bhi gaya hai use phir bahaal kar

Mere shareer se meri hi jaa'n nikaal kar
Dekha hai doosre me'n ise maine paal kar

Ab to yaqeen hi nahi'n apne dimagh pe
Leti hu'n faisla bhi mai'n sikka uchhaal kar

Tere bhi peechhe karva'n ayega ek din
Pahle junoon se koi qayam misaal kar

Jiska javab waqt ke hatho'n me'n hai abhi
Mat baar baar mujhse vahi ik sawaal kar

Ab to gunah hi bache hai'n nekiya'n nahi'n
Kya khatm kar dee'n dariya me'n sab daal daal kar

87

रिश्ता जो क़ीमती है तू उसका ख़याल कर
गर टूट भी गया है उसे फिर बहाल कर

मेरी शरीर से मेरी ही जाँ निकाल कर
देखा है दूसरे में इसे मैंने पाल कर

अब तो यक़ीन ही नहीं अपने दिमाग़ पे
लेती हूँ फ़ैसला भी मैं सिक्का उछाल कर

तेरे भी पीछे कारवाँ आएगा एक दिन
पहले जुनून से कोई क़ायम मिसाल कर

जिसका जवाब वक़्त के हाथों में है अभी
मत बार बार मुझसे वही इक सवाल कर

अब तो गुनाह ही बचे हैं नेकियाँ नहीं
क्या ख़त्म कर दीं दरिया में सब डाल डाल कर

88

Raushni to mili mili na mili
Chaand ke hote chaandni na mili

Ranj o gham ka hi raasta hai yaad
Par khushi ki koi gali na mili

Zindagi ko yaha'n vaha'n dhoondhaa
Zindagi mujhko poochhti na mili

Raaste har disha me'n mudte the
Raah mujhko hi to sahi na mili

Khwaab me'n itna saaf manzar tha
Dhool rishto'n pe bhi jami na mili

88

रौशनी तो मिली मिली न मिली
चाँद के होते चाँदनी न मिली

रंजो ग़म का ही रास्ता है याद
पर ख़ुशी की कोई गली न मिली

ज़िन्दगी को यहाँ वहाँ ढूँढा
ज़िन्दगी मुझको पूछती न मिली

रास्ते हर दिशा में मुड़ते थे
राह मुझको ही तो सही न मिली

ख़्वाब में इतना साफ़ मंज़र था
धूल रिश्तों पे भी जमी न मिली

89

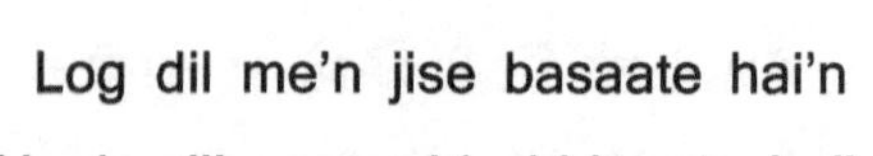

Log dil me'n jise basaate hai'n

Haale dil us se hi chhipaate hai'n

Jitne mausam bhi aate jaate hai'n

Dil ko mere sabhi jalaate hai'n

Aankh bhar aati hai na jaane kyu'n

Jab kabhi khul kar muskuraate hai'n

Chahate'n jinki ho'n bulandi par

Raasta khud hi wo banaate hai'n

Zakhm khaye hame'n hua arsaa

Aaj phir unko aazmaate hai'n

Zindagi me'n andhere ho'n jab bhi

Yaad ke ham deeye jalaate hai'n

Mai chali hu'n hawa ke hi vipreet

Log jo raasta bataate hai'n

89

लोग दिल में जिसे बसाते हैं
हाले दिल उससे ही छिपाते हैं

जितने मौसम भी आते जाते हैं
दिल को मेरे सभी जलाते हैं

आँख भर आती है न जाने क्यूँ
जब कभी खुल कर मुस्कुराते हैं

चाहतें जिनकी हों बुलंदी पर
रास्ता ख़ुद ही वो बनाते हैं

ज़ख़्म खाये हमें हुआ अर्सा
आज फिर उनको आज़माते हैं

ज़िन्दगी में अँधेरे हों जब भी
याद के हम दीये जलाते हैं

मैं चली हूँ हवा के ही विपरीत
लोग जो रास्ता बताते हैं

90

Wo khud hi mujhko ajab se sawaal deta hai

Jawaab poochhoo'n to hardam hi taal deta hai

Jo raat din mere dil ko khayaal deta hai

Kabhi kabhi vahi mujhko malaal deta hai

Mai'n dil ki maanoo'n ya maanoo'n dimaagh
ki baate'n

Mujhe sawaal ye mushkil me'n daal deta hai

Mai'n jab bhi doobne lagti hu'n gham ke
saagar me'n

To kaun chupke se mujhko nikaal deta hai

Wo jaanta hai ki mai'n geeli mitti jaisi hu'n

Isiliye hi to saanche me'n dhaal deta hai

90

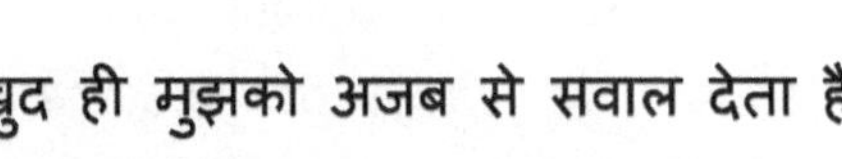

वो ख़ुद ही मुझको अजब से सवाल देता है
जवाब पूछूँ तो हरदम ही टाल देता है

जो रात दिन मेरे दिल को ख़याल देता है
कभी कभी वही मुझको मलाल देता है

मैं दिल की मानूँ या मानूँ दिमाग़ की बातें
मुझे सवाल ये मुश्किल में डाल देता है

मैं जब भी डूबने लगती हूँ ग़म के सागर में
तो कौन चुपके से मुझको निकाल देता है

वो जानता है कि मैं गीली मिट्टी जैसी हूँ
इसीलिए ही तो साँचे में ढाल देता है

91

Wo zuba'n ka yu'n hi gar meetha rahega
Us se mujhko lazimi khatra rahega

Uski aadat hai wo ye kahta rahega
Ham juda ho jaye'n ab achchha rahega

Ud gya hai shakh se wo ik parinda
Ab chaman me'n chuppi ka pahra rahega

Ham chale'n ya thahre'n is me'n fark kya hai
Waqt ka pahiya yu'n hi chalta rahega

Aa girega wo zamee'n par ek din to
Aasma'n me'n kab talak udta rahega

Mil rahi ho soch kar milna nadi tum
Ye samundar to magar pyasa rahega

91

वो ज़ुबां का यूँ ही गर मीठा रहेगा
उससे मुझको लाज़िमी ख़तरा रहेगा

उसकी आदत है वो ये कहता रहेगा
हम जुदा हो जाएँ अब अच्छा रहेगा

उड़ गया है शाख़ से वो इक परिंदा
अब चमन में चुप्पी का पहरा रहेगा

हम चलें या ठहरें इस में फ़र्क़ क्या है
वक़्त का पहिया यूँ ही चलता रहेगा

आ गिरेगा वो ज़मीं पर एक दिन तो
आसमाँ में कब तलक उड़ता रहेगा

मिल रही हो सोच कर मिलना नदी तुम
ये समुन्दर तो मगर प्यासा रहेगा

92

Wo mana baar baar karta hai
Maa'n ke jaise sudhaar karta hai

Jo bhi izhaar me'n jhijhakta ho
Pyaar wo beshumaar karta hai

Wo muhabbat me'n khaa chuka hai fareb
Isliye hoshiyaar karta hai

Hukmraa'n ke kahe pe kya jaaye'n
Jhoothe waade hazaar karta hai

Ghair se kyu'n nivaala maangu'n mai'n
Sher to khud shikaar karta hai

Josh se lad liya jo toofa'n se
Wo samundar ko paar karta hai

92

वो मना बार बार करता है
माँ के जैसे सुधार करता है

जो भी इज़हार में झिझकता हो
प्यार वो बेशुमार करता है

वो मुहब्बत में खा चुका है फ़रेब
इसलिए होशियार करता है

हुक्मराँ के कहे पे क्या जाएँ
झूठे वादे हज़ार करता है

ग़ैर से क्यूँ निवाला माँगूँ मैं
शेर तो ख़ुद शिकार करता है

जोश से लड़ लिया जो तूफ़ाँ से
वो समुन्दर को पार करता है

93

Sabko rehta hai hame'n bhi gham rahega

Ye magar darr hai ki kya hardam rahega

Phool murjhaaye hawaaye'n bhi hai'n ghamgeen

Baagh me'n yu'n kab talak maatam rahega

Ho'n bahaare'n ya khizaaye'n fark hai kya

Mera daaman aansuo'n se namm rahega

Kitna bhi karlo kisi ke vaaste tum

Uski nazro'n me'n hamesha kamm rahega

Chot jab bhi khaao mere paas aana

Mere haatho'n me'n sada marham rahega

93

सबको रहता है हमें भी ग़म रहेगा
ये मगर डर है कि क्या हरदम रहेगा

फूल मुरझाए हवाएँ भी हैं ग़मगीन
बाग़ में यूँ कब तलक मातम रहेगा

हों बहारें या खिजाएँ फ़र्क है क्या
मेरा दामन आँसुओं से नम रहेगा

कितना भी कर लो किसी के वास्ते तुम
उनकी नज़रों में हमेशा कम रहेगा

चोट जब भी खाओ मेरे पास आना
मेरे हाथों में सदा मरहम रहेगा

94

Sab ne kiya hai humse kinaara to kya hua
Koi agar nahi'n hai hamaara to kya hua

Mai'n list khwahisho'n ki bana kar to baithi hu'n
Toota nahi'n hai kab se sitaara to kya hua

Mehsoos maine saaye ke jaise kiya usey
Usne kabhi na mujhko pukaara to kya hua

Itraao mat andhero tum itna yu'n raat bhar
Sooraj abhi hai waqt ka maara to kya hua

Halaat ye hi ban gaye hai'n ab mera naseeb
Hota nahi'n hai isme'n guzaara to kya hua

94

सबने किया है हमसे किनारा तो क्या हुआ
कोई अगर नहीं है हमारा तो क्या हुआ

मैं लिस्ट ख़्वाहिशों की बना कर तो बैठी हूँ
टूटा नहीं है कब से सितारा तो क्या हुआ

महसूस मैंने साये के जैसे किया उसे
उसने कभी न मुझको पुकारा तो क्या हुआ

इतराओ मत अँधेरो तुम इतना यूँ रात भर
सूरज अभी है वक़्त का मारा तो क्या हुआ

हालात ये ही बन गये हैं अब मेरा नसीब
होता नहीं है इसमें गुज़ारा तो क्या हुआ

95

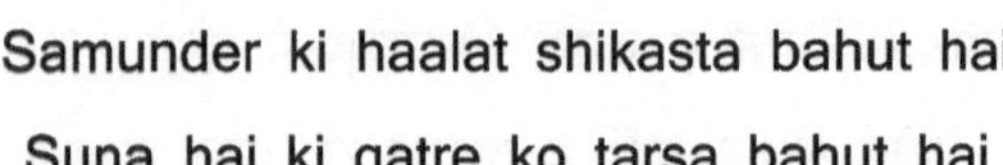

Samunder ki haalat shikasta bahut hai
Suna hai ki qatre ko tarsa bahut hai

Zarurat nahi'n kuchh bhi kehne ki tujhko
Nazar ka teri ik ishaara bahut hai

Hai meri tarah wo bhi gham ka hi maara
Isi vaaste muskuraata bahut hai

Tamanna nahi'n sukh ke saagar ki mujhko
Suku'n ka mujhe ek qatra bahut hai

Suno manzilo tum na itraao itna
Mujhe raasta ab bhi takta bahut hai

Samajh me'n na aaye samete'n bhi kaise
Ye hasti ka saamaan bikhra bahut hai

Zara si hansi dene ke baad humko
Sada zindagi ne rulaaya bahut hai

95

समुंदर की हालत शिकस्ता बहुत है
सुना है कि क़तरे को तरसा बहुत है

ज़रूरत नहीं कुछ भी कहने की तुझको
नज़र का तेरी इक इशारा बहुत है

है मेरी तरह वो भी ग़म का ही मारा
इसी वास्ते मुस्कुराता बहुत है

तमन्ना नहीं सुख के सागर की मुझको
सुकूँ का मुझे एक क़तरा बहुत है

सुनो मंज़िलो तुम न इतराओ इतना
मुझे रास्ता अब भी तकता बहुत है

समझ में न आये समेटें भी कैसे
ये हस्ती का सामान बिखरा बहुत है

ज़रा सी हँसी देने के बाद हमको
सदा ज़िन्दगी ने रुलाया बहुत है

96

Hansti hai roti hai gaati hai ghazal

Kya ye mujhsi hi deewani hai ghazal

Dhadkano'n me'n yu'n dhadakti hai ki bas

Rukti si saanso'n me'n chalti hai ghazal

Dil ko jab bhi chot deta hai jahaa'n

Zakhm par marham lagaati hai ghazal

Lafz jaise khwaab hai'n toote hue

Is tarah aankho'n se bahti hai ghazal

Rahti hai khaamoshiyo'n me'n bolti

Dard ke saaye me'n palti hai ghazal

Gham je dariya se agar hona hai paar

Ik bharosemand kashti hai ghazal

Chhoo ke teri nazro'n se sona si hai

Jaanti hu'n varna mitti hai ghazal

96

हँसती है रोती है गाती है ग़ज़ल
क्या ये मुझसी ही दीवानी है ग़ज़ल

धड़कनों में यूँ धड़कती है कि बस
रुकती सी साँसों में चलती है ग़ज़ल

दिल को जब भी चोट देता है जहाँ
ज़ख्म पर मरहम लगाती है ग़ज़ल

लफ़्ज़ जैसे ख़्वाब हैं टूटे हुए
इस तरह आँखों से बहती है ग़ज़ल

रहती है ख़ामोशियों में बोलती
दर्द के साये में पलती है ग़ज़ल

ग़म के दरिया से अगर होना है पार
इक भरोसेमंद कश्ती है ग़ज़ल

छू के तेरी नज़रों से सोना सी है
जानती हूँ वर्ना मिट्टी है ग़ज़ल

Muddato'n se 'Manju' chup si thi magar

Aaj kyo'n panno'n pe cheekhi hai ghazal

मुद्दतों से 'मंजु' चुप सी थी मगर
आज क्यूँ पन्नों पे चीखी है ग़ज़ल

मुद्दतों से 'मंजु' चुप सी थी मगर
आज क्यूँ पन्नों पे चीखी है ग़ज़ल

97

Haale dil jo hai tumhaara wo chhupa kuchh
bhi nahi'n
Ye alag baat hai lab se to kaha kuchh bhi nahi'n

Wo har ik rishte ko paise hi se kyo'n tolte hai'n
Aise logo'n ke liye maano vafa kuchh bhi nahi'n

Imtihaa'n hi liye har ek qadam par toone
Zindagi toone magar mujhko diya kuchh bhi nahi'n

Zindagi ne jo diye mujhko sabaq mushkil hain
Par kitaabo'n me'n kabhi aisa padha kuchh
bhi nahi'n

Mai'n hamesha jise haal apna sunaati hi rahi
Wo to ik moorti thi usne suna kuchh bhi nahi'n

Lamha lamha hi bikharti gayi hasti meri
Khaali mutthi si hu'n mai'n aaj bacha kuchh
bhi nahi'n

97

हाले दिल जो है तुम्हारा वो छुपा कुछ भी नहीं
ये अलग बात है लब से तो कहा कुछ भी नहीं

वो हर इक रिश्ते को पैसे ही से क्यों तोलते हैं
ऐसे लोगों के लिए मानो वफ़ा कुछ भी नहीं

इम्तिहां ही लिए हर एक क़दम पर तूने
ज़िन्दगी तूने मगर मुझको दिया कुछ भी नहीं

ज़िन्दगी ने जो दिये मुझको सबक़ मुश्किल हैं
पर किताबों में कभी ऐसा पढ़ा कुछ भी नहीं

मैं हमेशा जिसे हाल अपना सुनाती ही रही
वो तो इक मूर्ति थी उसने सुना कुछ भी नहीं

लम्हा लम्हा ही बिखरती गयी हस्ती मेरी
ख़ाली मुट्ठी सी हूँ मैं आज बचा कुछ भी नहीं

98

Hai zaruri meri zindagi ke liye
Saans ab jo mai'n lu'n to usi ke liye

Mere andar hi mujhko mili hai kiran
Jab bhi bhatki hu'n mai'n raushni ke liye

Aansuo'n me'n na behne do ye zindagi
Jo mili hai hame'n do ghadi ke liye

Khwaab ke moti aankho'n me'n yu'n paal lo
Aansoo tham jaye'n poori sadi ke liye

Waqt aisa bhi dekha hai humne kabhi
Rote rehna pada jab hansi ke liye

98

है ज़रूरी मेरी ज़िंदगी के लिए
साँस अब जो मैं लूँ तो उसी के लिए

मेरे अंदर ही मुझको मिली है किरण
जब भी भटकी हूँ मैं रोशनी के लिए

आँसुओं में न बहने दो ये ज़िन्दगी
जो मिली है हमें दो घड़ी के लिए

ख़्वाब के मोती आँखों में यूँ पाल लो
आँसू थम जाएँ पूरी सदी के लिए

वक़्त ऐसा भी देखा है हमने कभी
रोते रहना पड़ा जब हँसी के लिए

99

Hai'n door tak hi andhere meri nigaaho'n me'n
Mujhe hi khud ko jalaana hai apni raaho'n me'n

Talaash humne kiya jisko apni chaaho'n me'n
Mila hai humko karaaho'n me'n aur aaho'n me'n

Ajeeb baat hai ye pyaar hi ke baare me'n
Koi to punya me'n ginte hai'n kuchh gunaaho'n me'n

Nadi pukaar ke kehti hai ye samunder se
Aye khaare paani mujhe le le apni baaho'n me'n

Akele baith ke ye sochte hai'n hum aakhir
Kaha'n pe sar rakhe'n jaaye'n kaha'n
panaaho'n me'n

99

हैं दूर तक ही अँधेरे मेरी निगाहों में
मुझे ही ख़ुद को जलाना है अपनी राहों में

तलाश हमने किया जिसको अपनी चाहों में
मिला है हमको कराहों में और आहों में

अजीब बात है ये प्यार ही के बारे में
कोई तो पुण्य में गिनते हैं कुछ गुनाहों में

नदी पुकार के कहती है ये समुंदर से
ऐ खारे पानी मुझे ले ले अपनी बाँहों में

अकेले बैठ के ये सोचते हैं हम आख़िर
कहाँ पे सर रखें जाएँ कहाँ पनाहों में

100

Hauslo'n se hi yaha'n tak aa gaye
Kuchh parinde aasma'n tak aa gaye

Ab talak honto'n taley the kya kahu'n
Qisse logo'n ki zuba'n tak aa gaye

Koi pahuncha hi nahi'n ab tak vaha'n
Mere dil me'n tum jaha'n tak aa gaye

Raushni ka peechha karte karte hum
Phir usi ke hi maka'n tak aa gaye

Justaju me'n manzilo'n ki aaj hum
Apne qadmo'n ke nisha'n tak aa gaye

100

हौसलों से ही यहाँ तक आ गये
कुछ परिंदे आसमाँ तक आ गये

अब तलक होंटों तले थे क्या कहूँ
क़िस्से लोगों की जुबाँ तक आ गये

कोई पहुँचा ही नहीं अब तक वहाँ
मेरे दिल में तुम जहाँ तक आ गये

रौशनी का पीछा करते करते हम
फिर उसी के ही मकाँ तक आ गये

जुस्तजू में मंज़िलों की आज हम
अपने क़दमों के निशाँ तक आ गये